Erziehen in der Risikogesellschaft

W0214508

# Erziehen in der Risikogesellschaft

## Sozialpädagogische Blätter

Jahrbuch 1
Pestalozzi-Fröbel-Verband

Beltz Verlag · Weinheim und Basel

Alle Rechte, insbesondere das Recht der Vervielfältigung und Verbreitung sowie der Übersetzung, vorbehalten. Kein Teil des Werkes darf in irgendeiner Form (durch Fotokopie, Mikrofilm oder ein anderes Verfahren) ohne schriftliche Genehmigung des Verlages reproduziert oder unter Verwendung elektronischer Systeme verarbeitet, vervielfältigt oder verbreitet werden.

Gesetzt nach den neuen Rechtschreibregeln

Lektorat: Peter E. Kalb

© 1997 Beltz Verlag · Weinheim und Basel
Herstellung: Klaus Kaltenberg
Satz: Satz- und Reprotechnik GmbH, Hemsbach
Druck: Druckhaus »Thomas Müntzer«, Bad Langensalza
Umschlaggestaltung: Federico Luci, Köln
Printed in Germany

ISBN 3-407-34105-9

# Inhaltsverzeichnis

*Sigrid Ebert*

# Sozialpädagogische Blätter

*Zur Geschichte eines Periodikums des Pestalozzi-Fröbel-Verbandes*

Ziele und Arbeitsformen des Pestalozzi-Fröbel-Verbandes (PFV) sind strukturell und inhaltlich aufs engste verknüpft mit der Herausgabe einer Fachzeitschrift. Sowohl chronologisch als auch fachlich spiegelt deshalb die Geschichte des Periodikums *Sozialpädagogische Blätter*, ehemals *Blätter des Pestalozzi-Fröbel-Verbandes*, Nachfolgeblatt der Zeitschrift *Kindergarten*, gegründet 1860, die Entwicklung eines sozialpädagogischen Interessenverbandes im Kontext gesellschaftlicher Umbrüche wider.

Die Gründungsgeschichte des PFV geht zurück auf das Jahr 1862, wo sich in Eisenach, zunächst auf Thüringen begrenzt, Kindergärtnerinnen und Kindergärtner (!) zusammenschlossen und sich den Namen *Der Deutsche Fröbel Verein* gaben. 1873 kam es dann unter der Bezeichnung *Deutscher Fröbelverband* zu einer überregionalen Organisationsform.

Nach der Selbstauflösung in der Zeit des Nationalsozialismus nahm der Verband 1948 nunmehr als *Pestalozzi-Fröbel-Verband* (PFV) seine Arbeit wieder auf. In einem Jahr, 1998, wird der PFV sein 125-jähriges Jubiläum begehen.

Der PFV ist ein weltanschaulich und politisch unabhängiger, sozialpädagogischer Fachverband. Mitglieder sind Angehörige aller pädagogischen und sozialpädagogischen Professionen, Erziehungs- und Sozialwissenschaftler, Fachkräfte aus der Aus-, Fort- und Weiterbildung, der Verwaltung sowie der Verbände und Institutionen der Kinder- und Jugendhilfe in Deutschland.

Von seinem Selbstverständnis her ist der PFV ein pluralistisch organisierter Verband, der sich in seinen Arbeitsschwerpunkten von einer gesamtgesellschaftlichen Verantwortung für das Kindeswohl leiten lässt.

Der PFV versteht sich als ein Diskussionsforum, auf dem grundsätzliche und aktuelle pädagogische, bildungs- und sozialpolitische Positionen und Zielvorstellungen erörtert und markiert werden. Er greift – durch sozialen Wandel und gesellschaftliche Umbrüche bedingt – sozialpädagogische Problemlagen im Interesse von Kindern, Jugendlichen, Eltern, Erziehern und Erzieherinnen auf. Er führt diese einer breiten und zugleich differenzierten fach- und berufspolitischen Diskussion zu mit dem Ziel, Entscheidungs- und Verantwortungsträgern zukunftsweisende Handlungsimpulse zu geben.

Für diese Zielsetzung des Verbandes, insbesondere für das Erfordernis der Öffentlichkeitsarbeit, ist die Herausgabe eines Verbandsorganes unerlässlich. Das Periodikum *Sozialpädagogische Blätter* hat demzufolge eine fachlich höchst komplexe und interessante, langjährige Tradition.

Die Ursprünge der Fachzeitschrift *Sozialpädagogische Blätter*, die nunmehr als Jahrbuch des Pestalozzi-Fröbel-Verbandes im Beltz Verlag erscheinen wird, gehen zurück auf jenen Fröbel-Freundeskreis, der durch die Herausgabe einer Zeitschrift unter dem Titel *Kinder-Garten und Elementar-Klasse* das Ziel verfolgte, die fröbelschen Erziehungsgrundsätze zu verbreiten.

1860 erschien der 1. Jahrgang dieser Zeitschrift, und seit 1874 ist das Periodikum *Kindergarten* – zu diesem Zeitpunkt bereits im 15. Jahrgang – das offizielle Organ des Deutschen Fröbelverbandes.

Es wird vom Verband genutzt für verbandspolitische Informationen, vor allem aber dient es der Veröffentlichung von Fachbeiträgen und dem Diskurs über sozialpädagogische und berufspolitische Fragen. So wird bereits 1873 durch die Publikation einer Kindergartenstatistik auf die – aus der Sichtweise eines Interessenverbandes – unzureichende »Versorgungsquote« in Bezug auf Kindergartenplätze hingewiesen. Ein Beitrag von Eugen Pappenheim (1875), einem damals anerkannten Fröbelpädagogen, beschäftigt sich mit den Besonderheiten der Mädchenerziehung, und Carl Cassan »beleuchtet« 1880 in seinem Aufsatz die Frage: »Kann bei der Arbeit der Kindergärtnerin von einer nationalen Aufgabe die Rede sein?«

Wie ein roter Faden ziehen sich durch die Jahrgänge der Zeitschrift Themen, die auch heute noch vor dem Hintergrund der Umsetzung des Rechtsanspruchs auf einen Kindergartenplatz aktuell sind. Wie steht es mit dem Bildungsanspruch des Kindergartens? Was sind pädagogische Qualitätsstandards von Betreuungsangeboten? So wird schon 1910 in einem Artikel danach gefragt, wie man in einem Volkskindergarten dem einzelnen Kind gerecht werden kann.

Auch wenn, wie der Titel der Zeitschrift signalisiert, im Mittelpunkt der Beiträge Sachfragen zur Pädagogik der frühen Kindheit erörtert werden, beschränkt sich die Zeitschrift nicht auf diese Altersstufe, sondern greift sehr wohl auch Fragestellungen zur Kleinstkinderziehung, zum Schulkindalter und zur Arbeit mit Jugendlichen auf.

Ebenso verhält es sich mit dem »Erbe Fröbels«. Auch wenn bis in die dreißiger Jahre unseres Jahrhunderts hinein Dreh- und Angelpunkt pädagogischer Konzepte frühkindlicher Erziehung die fröbelsche Spielerziehung war, beschränkte sich die Zeitschrift nicht – wie übrigens der PFV in seiner Arbeit auch – auf dieses pädagogische Modell frühkindlicher Erziehung, sondern war auch offen für andere pädagogische Konzeptionen.

Gertrud Pappenheim, Leiterin des Kindergärtnerinnenseminars der Kgl. Elisabethschule in Berlin und langjährige Schriftleiterin der Zeitschrift *Kindergarten,* versucht in einem Aufsatz aus dem Jahre 1909 eine Synthese zwischen dem fröbelschen Ansatz und der Methode Maria Montessoris aufzuzeigen.

Relativ früh werden auch psychoanalytische Fragestellungen, u.a. von Nelly Wolffheim, und sonderpädagogische Themen in die Fachdiskussionen eingebracht. So beschäftigt sich z.B. ein Beitrag aus dem Jahre 1914 mit der vorschulpflichtigen Erziehung blinder Kinder.

Immer wieder werden im Zusammenhang mit den Aufgaben der öffentlichen Erziehung auch sogenannte »Frauenfragen« angesprochen und Aspekte der Verberuflichung weiblicher Erziehungsarbeit erörtert, u.a. in einem Beitrag von Elisabeth Blochmann aus dem Jahre 1928.

Angesichts der heutigen Anstrengungen, bezogen auf das deutsche Kindergartenwesen, den Blick über den Zaun zu wagen und sich internationalen Vergleichen zu stellen, sind solche vergleichenden Publikationen schon um die Jahrhundertwende selbstverständlicher Bestandteil der Fachzeitschrift, und bereits 1898 wird in einem Aufsatz das japanische Kindergartenwesen vorgestellt.

Das breite Spektrum der Mitarbeiterinnen und Mitarbeiter, die an der Herausgabe des Periodikums mitgewirkt haben, mit so bekannten Namen wie Lina Morgenstern, Alice von Gierke, Eduard Spranger, Martha Muchow, Elisabeth von Harnack, Herman Nohl, Erika Hoffmann u.a. macht deutlich, dass die Fachzeitschrift *Sozialpädagogische Blätter* vom PFV für einen breiten fachpolitischen Diskurs über Kindheit, Jugend, Familie und Gesellschaft genutzt wurde. Dieses Verständnis von Kindheit als das eines geteilten Sozialisationsfeldes wurde nach 1945 zunehmend mehr zur Leitlinie pädagogischer Diskussionen in der zunächst als *Blätter des Pestalozzi-Fröbel-Verbandes*, dann – seit 1976 – als *Sozialpädagogische Blätter* beim Verlag Quelle & Meyer, Heidelberg, herausgegebenen Fachzeitschrift des PFV. So erschienen neben Aufsätzen, die im engeren Sinn pädagogische Themen behandelten, Beiträge, die sich auf Aspekte der Angebotsstrukturen öffentlicher Erziehung und auf Fragen zur Professionalisierung der Erzieherinnen, insbesondere auf die Aus-, Fort- und Weiterbildung, bezogen.

Nachdem der Quelle & Meyer Verlag 1988 seinen Anteil an der Herausgabe der *Sozialpädagogischen Blätter* an einen anderen Verlag abtreten musste, führte dieser Wechsel auf der Herausgeberseite zu einem nicht nur auf das äußere Erscheinungsbild des Periodikums beschränkten Wandel der Fachzeitschrift. Als Zeitschriftenmagazin unter dem Titel *KINDERZEIT – Sozialpädagogische Blätter* sollten vorrangig Erzieherinnen vor Ort mit ihren alltäglichen Praxisproblemen angesprochen werden. Neben Informationen und Kurzbeiträgen zu aktuellen pädagogischen und berufspolitischen Fragen enthielt die Zeitschrift Anregungen und praktische Tips für die Spiel- und Freizeitgestaltung im Kindergartenalltag.

Mit der Herausgabe eines Jahrbuches *Sozialpädagogische Blätter* im Beltz Verlag beginnt in der Geschichte des Periodikums ein neuer Abschnitt. Der Pestalozzi-Fröbel-Verband verbindet damit die Hoffnung, durch einen themenbezogenen, fachlichen Diskurs über Grundsatzfragen von Kindsein und Kindheit in Deutschland wieder stärker als bisher an die lange Tradition der Qualifizierungsfunktion einer Fachzeitschrift anknüpfen zu können.

Berlin, im Dezember 1996

*Pamela Oberhuemer*

# Zum Jahrbuchthema

*Eine Einführung*

*Erziehen in der Risikogesellschaft:* so der Titel dieses Jahrbuchs, so auch das Thema einer Fachtagung des Pestalozzi-Fröbel-Verbandes (PFV) im Oktober 1995 in Würzburg. Die Wahl des Themas hat eine Geschichte. 1992 und 1993 standen *Kinder* im Mittelpunkt von Tagungen und Publikationen des PFV – Kinder und ihre Ausdrucksformen, Kinder und ihre Weltbilder.[1] 1994 folgte eine Auseinandersetzung mit verschiedenen *pädagogischen Konzepten* sowie eine kritische Analyse der Qualifizierungswege und beruflichen Perspektiven von *Erzieherinnen.*[2] Es wurden dabei Fragenkomplexe aufgeworfen, die eine Vertiefung benötigen, eine Vertiefung in Form einer Analyse von Erziehungsprozessen im Kontext gesellschaftlichen Wandels.

Was heißt »Lernen«, »Erziehen«, »Bilden« vor dem Hintergrund sozialer Umbrüche? Wie prägt der gesellschaftliche Bezugsrahmen – in seiner lokalen, regionalen und auch globalen Dimension – unsere Erziehungsvorstellungen und Erziehungs-

1 Fatke, R. (Hrsg.): Ausdrucksformen des Kinderlebens. Phantasie, Spiele, Wünsche, Freundschaft, Lügen, Humor, Staunen. Bad Heilbrunn 1994.
Pestalozzi-Fröbel-Verband (Hrsg.): Kinder und ihre Weltbilder. München/Wien 1994.

2 Vgl. Themenheft KINDERZEIT, Heft 4, 1994.
Ebert, S. unter Mitarb. von Fatke, R./Külb, R./Lost, C./Oberhuemer, P./Troppa, P.: Zur beruflichen Situation der Erzieherinnen in Deutschland. Bestandsaufnahme und Perspektiven; eine Denkschrift (Schriftenreihe des Pestalozzi-Fröbel-Verbandes). München/Wien 1994.
Pestalozzi-Fröbel-Verband (Hrsg.): Zur beruflichen Situation der Erzieherinnen in Deutschland – Materialien zur Denkschrift (Schriftenreihe des Pestalozzi-Fröbel-Verbandes). München 1995.

ziele? Wie prägt er unsere Werte und Entscheidungen, unsere Erziehungspraxis? Wie kommen wir zu einer Bestimmung der Basisqualifikationen für die Bildungs- und Erziehungsarbeit in sozialpädagogischen Praxisfeldern, und wie können wir diese Voraussetzungen für die *Gestaltung* von Erziehungsprozessen, für die Gestaltung von Vertrauensbildungsprozessen in Ausbildung und Fortbildung bewusst machen und vermitteln – und in der Praxis angemessen unterstützen?

Nach den Analysen von Ulrich Beck[1] ist unsere postindustrielle Gesellschaft eine »Risikogesellschaft«, eine Gesellschaft, in der – mehr als früher – die Konsequenzen unseres Handelns in vielen Lebensbereichen oft nicht von vornherein kalkulierbar sind. Lebensgestaltung und Zukunftsplanung sind zu einer Herausforderung mit ungewissem Ausgang geworden. Individualisierung, Entstandardisierung, Pluralisierung gehören zu den viel verwendeten Schlüsselbegriffen dieser Gesellschaftsanalyse. Es ist schwieriger geworden, verbindliche, gesellschaftlich abgesicherte, konsensfähige Werte und Richtlinien des Zusammenlebens zu identifizieren.

Was bedeutet eine derartige Entwicklung – hier nur verkürzt angedeutet – für das Aufwachsen von Kindern? Was bedeutet sie für die Gestaltung von Beziehungen im Alltag: Beziehungen zwischen Kindern und Erwachsenen, Beziehungen der Kinder untereinander? Was bedeutet sie für die Herausbildung einer gelingenden Identität? Aufgrund der wachsenden Entscheidungsfreiheit – aber auch des Entscheidungszwangs – in wichtigen Lebensbereichen entstehen nicht selten ambivalente Gefühle und auch dissonante Handlungen im Alltagsleben, gerade auch im Zusammenleben mit Kindern. Was heißt »Erziehen« im Spannungsfeld von Widersprüchen und Ambivalenzen? Wie entwickelt man so etwas wie Erziehungssicherheit, wie erreicht man eine Balance zwischen Konsensbildung und Achtung vor Individualität?

1 Beck, U.: Risikogesellschaft. Auf dem Weg in eine andere Moderne. Frankfurt a.M. 1986.

Vor dem Hintergrund gesellschaftlicher Differenzierungen ökonomischer, kultureller und sozialer Art ist die fachliche Arbeit in Tageseinrichtungen für Kinder in vieler Hinsicht komplexer, anspruchsvoller und auch konfliktträchtiger geworden. Wie definiert sich Professionalität im Rahmen einer immer klarer werdenden Akzeptanz der *geteilten* Erziehungsverantwortung in den frühen Lebensjahren? Wie werden Verständigungsprozesse zwischen Eltern und pädagogischen Fachkräften über unterschiedliche Erziehungsvorstellungen gestaltet? Wie werden Entscheidungsprozesse über Erziehungsqualität gestaltet? Wie sieht eine demokratische Kultur des Aushandelns aus?

Kindergärten und andere Tageseinrichtungen für Kinder haben – gerade weil sie eine Rolle in der öffentlichen Diskussion über familien- und sozialpolitische Fragen spielen – an sozialintegrativer und gesellschaftspolitischer Bedeutung gewonnen. Was heißt das aber genau? Welche Maßstäbe werden hier angelegt? Welche gesellschaftliche Position haben Kinder in diesem ausgehenden »Jahrhundert des Kindes«? Welche Bedeutung wird den Orten zugemessen, in denen sich Kinder in ihren frühen Lebensjahren tagtäglich aufhalten – Orten, die Kontinuität und Stabilität im Kinderleben bieten können; Orten, die Kindern Bildungschancen geben; Orten, in denen Kinder ermutigt werden können – mit entsprechender Unterstützung unsererseits –, *ihren* Platz in dieser Gesellschaft zu suchen, *ihren* Weg ausfindig zu machen, *ihre* Identität aufzubauen? Tageseinrichtungen für Kinder sind – wir spüren es immer deutlicher – auch eine ökonomische Größe, und der Ruf nach Effektivität und Wirtschaftlichkeit wird auch in diesem Arbeitsbereich immer lauter. Welche Qualitätsmaßstäbe werden hier zugrunde gelegt, welche Evaluationsstrategien, welche Ziele?

Zu diesen Fragen können wir – aus unterschiedlichen Positionen der Verantwortung für Kinder heraus – nur in einem gemeinsamen Prozess des Nachdenkens adäquate Antworten suchen. Die Beiträge in diesem Buch sind als Impuls für diesen Suchprozess gedacht.

*Andreas Flitner*

# Erziehen in der Risikogesellschaft

## I.

Das Wort »Risikogesellschaft«, das Sie für diese Tagung gewählt haben, ist zunächst ein Schlagwort. Ähnlich einem Schlaglicht, das seine Gegenstände scharf von einer Seite her anleuchtet, soll es komplexe und unübersichtliche Entwicklungen der Gesellschaft einseitig und markant zum Vorschein bringen. »Konkurrenzgesellschaft« hieß das Titelwort beim Kongress der Sozialarbeiter vor drei Wochen. »Die Erlebnisgesellschaft« schildert ein viel gelesenes Buch von Gerhard Schulze (1995). Informationsgesellschaft, Aufstiegsgesellschaft, die asymmetrische Gesellschaft (Coleman 1986), vaterlose Gesellschaft (Mitscherlich 1963) sind andere Schlagworte dieser Art. »Richtig« oder »falsch« kann man diese Worte nicht nennen, sondern nur fragen: Sind sie anregend? Taugen sie zur Beschreibung von gesellschaftlichen Erscheinungen und Tendenzen, mit denen wir uns auseinander setzen müssen? Helfen sie uns, die Gegenwart zu begreifen?

Zunächst also die Thesen Ulrich Becks (der das Wort geprägt hat) – wir wollen dann später fragen, was wir damit anfangen können und wo die Kinder und unsere pädagogische Arbeit davon betroffen sind. Nach Ulrich Beck (1986) steht unsere Gesellschaft auf der Kippe und wir mit ihr. In allen ihren Fundamenten, in ihren Regelungen, ihren Sicherheiten, ihrem Fortschrittsbewusstsein ist sie erschüttert und von bisher unbekannten Risiken bedroht. Ihre Prinzipien: »größer«,

»schneller«, »mehr« und »sicherer« sind »durch und durch infarkt-gefährdet«. Das gilt nicht nur im Blick auf Umweltzerstörung, Energiegewinnung und Verkehrssystem. Es gilt für die Produktion und das Erwerbsleben, für den Sozialstaat, zumal das Rentensystem und die Alterspflege. Überall läuft die Entwicklung auf Blockaden zu. Überall melden sich zerstörte Natur, leere Kassen, zerfallende Berufsfelder, schwindende Arbeitsplätze; und dies bei wachsenden Ansprüchen und öffentlichen Aufgaben, und unter Belastungen, die man einfach mit Augenschließen vor sich herschiebt wie den Schuldenberg und die Entsorgung des Hausmülls oder des Nuklear-Materials.

Ulrich Becks Buch ist noch vor Tschernobyl geschrieben, die Reaktorkatastrophe mit ihren strahlenden Wolken über Europa wird nur eben noch im Vorwort hinzugefügt. Seither sind aber die Ketten der katastrophalen Unfälle und der Anzeichen schleichender Zerstörung von Mensch und Natur ein Stück länger geworden und werden weiterwachsen. Mit vielem scheint man sich einfach abzufinden, ebenso wie diese Gesellschaft sich mit den Opfern des Autoverkehrs längst arrangiert. Jährlich wird allein in der Bundesrepublik die Einwohnerzahl einer mittelgroßen Stadt zu Tode gefahren – ein erheblicher Teil davon Kinder –, ebenso viele werden schwer verwundet oder verkrüppelt – sie sind längst ein Wirtschaftsfaktor erster Güte, für Autobauer und Versicherer, für Heilberufe und Kliniken und Hubschrauberfirmen. Sie sind wirtschaftlich integriert, das Bruttosozialprodukt steigernd. Und ebenso, so setzt Beck den Zynismus nicht seiner Beschreibung, sondern unserer Wirklichkeit fort, sind die Versuche, den Risiken entgegenzuarbeiten, längst marktförmig geworden. Ganze Industrien entstehen zur Risikoverminderung und haben Wissenschaftler und Umweltorganisationen vorgespannt. BASF und Shell preisen ihre Umwelterfindungen in glanzbunten Annoncen und machen damit gleichzeitig auf die Risiken aufmerksam, welche die Konkurrenz mit ihren alten, umweltverderblicheren Produkten erzeugt.

Aber die gesundheitlichen und technischen Risiken, sagt Beck weiter – hier im Zusammenarbeit mit Elisabeth Beck-Gernsheim (1990; 1994) –, sind nur ein Teil der Szene. Bisher, bis in die sechziger Jahre, bezog die moderne Industrie- und Arbeitsentwicklung ihre Kräfte aus der vorindustriellen Familie, vor allem aus dem dienenden Altruismus der Frauen. Oft haben sie neben eigener Erwerbstätigkeit, die Familie, die Erholung, die Pflege bei Krankheit und Alter und damit die sozialen Grundlagen der Gesellschaft getragen. Man kann nicht sagen, dass diese Leistungen der Frauen zu Ende gehen. Aber sie haben ihre Selbstverständlichkeit verloren, sie werden nicht mehr wie früher widerspruchslos akzeptiert. Die Menschen werden, so sagen die Becks, »mit einer Gewalt, die sie selbst nicht begreifen«, aus den »Fassungen« von Geschlecht, Stand und Familie herausgerissen, und sie akzeptieren die schreienden Einseitigkeiten und auch das Unrecht nicht mehr, welche die moderne Gesellschaft auf der alten Grundlage erzeugt hat: z.B. dass es für die Männerarbeit und die aus ihr abgeleitete Verdienstarbeit in der Industriegesellschaft, seien sie noch so simpel, Bezahlung gibt (das Anerkennungsmittel der Marktgesellschaft) und außerdem Rentenanspruch; während für die »Frauenarbeit«, eben gerade für die große Sozial- und Beziehungsarbeit der Frauen, ihr aufopferndes »Dasein für andere«, ihnen keine Bezahlung, kaum gesellschaftliche Anerkennung, geschweige denn soziale Sicherung zuteil wird, und das zu einem Zeitpunkt, da Lebensgemeinschaft und Familie für einen wachsenden Teil der Bevölkerung nicht mehr auf Dauer halten und deshalb auch die abhängige Sicherheit nicht mehr geben. »Risiken« im Sinne Becks sind also nicht nur solche, welche aus der Umwelt, dem Verkehr und Konsum direkt auf uns abstrahlen (und von uns teilweise gar nicht erkannt werden können; im Sonnenlicht ebenso wie im imprägnierten Wollteppich lauern sie uns auf). Risiken bergen auch die raschen Wandlungen der Sozial- und Arbeitswelt (wer kann heute noch beurteilen, ob Ausbildung oder Umschulung in zwei Jahren noch etwas nützen?). Und Risiken enthalten vor allem auch die Familien- und Partnerbeziehungen, weil sie die gesellschaftlich erzeugten Spannungen, z.B. der zwei Berufswege von Mann und Frau, privat zu lösen und auszuhalten nötigen – und weil zudem *unsere* Gesellschaft, die der Bundesrepublik, besonders zögerlich ist mit Tageseinrichtungen, Servicehäusern, Mütterhilfen und Ähnlichem, was diese Lage erleichtern könnte.

## II.

Ich fahre nicht fort mit den Risikoschilderungen und will auch nicht in diesem dunkelen Zeitgemälde nun noch »das Kind« zu verorten suchen und damit in der relativ abstrakten Ebene der Makrosoziologie bleiben. Wir sind ja als Pädagogen/Pädagoginnen hier versammelt, als solche, die sich beruflich und konkret mit Kindern zu befassen haben und das Beste daraus machen sollen. Wir müssen die Risiken und unsere Auseinandersetzung mit ihnen näher heranholen, in unsere Sicht des Kindes, in unsere pädagogischen Auffassungen herein. Ich setze also noch einmal ganz anders an.

Gegenwärtig wird in Bern (zuvor in München) eine Kunstausstellung gezeigt unter dem Titel »Mit dem Auge des Kindes«. Was viele Kunstinteressierte schon gelegentlich wahrgenommen haben, nämlich dass es Parallelen gibt zwischen Kinderzeichnungen und Werken der Kunst des 20. Jahrhunderts, wird hier in einer großen, wissenschaftlich fundierten Ausstellung vor Augen geführt und begründet. Paul Klee z.B. ist 1912 durch Zufall im Speicherraum des elterlichen Hauses auf eine Mappe mit seinen Kinderzeichnungen gestoßen. Er versenkt sich darein, ist begeistert, ja geradezu erschüttert. Er rechnet diese Zeichnungen aus einem Kindesalter von vier, fünf Jahren sofort zum »Bedeutendsten«, was er je gemacht habe. Er signiert sie und nimmt sie später in seinen Œuvre-Katalog auf (was er mit Zeichnungen aus der Knaben- und Studienzeit nicht getan hat).

Wassily Kandinsky und Gabriele Münter haben Kinderzeichnungen aus ihrer Umgebung nicht nur gesammelt (die Sammlung ist erhalten), sondern sogar einzelne kopiert, und zwar gerade in den Jahren größter eigener Produktivität und des Aufbruchs Kandinskys in die abstrakte Malerei (1910–12). Auch Paula Modersohn hat Kinderzeichnungen gesammelt, Dubuffet, Picasso haben sich damit auseinander gesetzt; bis in Gegenwartsmalerei – Penck, A. Jorn, Corneille u.a. – ist der Einfluss unübersehbar. Die Vorbilder, die die Kinder lieferten, und die Nachbildungen der Künstler sind gemeinsam ausgestellt. Man könnte weit über den Kreis der ausgestellten Künstler hinausgehen: Feininger, Gauguin, der Zöllner Rousseau, Grandma Moses, Generalic arbeiten mit bewusst »naiver« Sicht.

Das ist deshalb sehr merkwürdig, weil es weit hinausgeht über das, was man von dieser Epoche weiß: dass – zumal seit der Jahrhundertwende – Kinder ein immer größeres öffentliches Interesse finden. Die Jugendbewegung, der Jugendstil, die Jugendproblematik in der Literatur werden schon früh in diesem Jahrhundert begleitet und erweitert durch ein steil anwachsendes Interesse für Kinderprobleme, Kindesentwicklung, das Wohnen, Schlafen, Spielen von Kindern; alle Lebensäußerungen des Kindes finden Beachtung, werden aufgenommen, in Zeitschriften behandelt, wissenschaftlich befragt. In Hamburg, Berlin, Dresden werden öffentliche Ausstellungen von Kinderzeichnungen veranstaltet. Eine wachsende Zahl von Publikationen beschäftigt sich mit ihnen aus den Fragestellungen der Entwicklungspsychologie und des Vergleichs mit der »primitiven« Kunst der Naturvölker heraus. Freilich ist der Umgang der Künstler mit diesem Thema ein anderer als der der Entwicklungspsychologen und pädagogischen Schriftsteller (einschließlich Kerschensteiner mit seiner großen Monographie über die Entwicklung der zeichnerischen Begabung von 1905, für die er 300000 Zeichnungen Münchner Schulkinder ausgewertet hat). Klee, Kandinsky, Münter, den zeitgenössischen und nachfolgenden Künstlern ging es um etwas anderes als um die

»Entwicklung«, um das »Schon« und »Noch nicht« der Entwicklungspsychologie (fehlende Perspektive, vermiedene Überschneidung, das allmähliche Entstehen des »visuellen Realismus« der Erwachsenen usf.). Was für Kerschensteiner *»Entwicklung«* bedeutet, nämlich immer mehr, immer bessere Wahrnehmung im Sinne realistischer Kunst, das ist aus der Sicht von Klee oder Münter eher ein *Abstieg*, ein Verlust der Erzählweise der kindlichen Zeichnung, Verlust der Ausdruckskraft, der Stärke, der Gestik und der Komposition der Kinder, der Direktheit ihrer Mitteilung, auch der abkürzenden Schemata. Heftige Streitigkeiten entstanden damals, ob ein Buchtitel zu der Hamburger Ausstellung »Das Kind als Künstler« (Götze 1898) berechtigt sei. Für Klee oder Kandinsky besteht überhaupt kein Zweifel daran, dass es im Kindesalter hochrangige künstlerische Leistungen gibt (auch von solchen Kindern, deren Malfähigkeit später völlig erlischt). Der ganze Mal- und Kunstunterricht der Schule wird damit radikal in Frage gestellt, soweit er nämlich dazu beiträgt, dass die Kinder »richtiger«, realistischer malen (und meistens auf diesem Wege die Lust am Malen verlieren). Die Kinder von etwa vier, fünf Jahren an können offenbar etwas, was die Erwachsenen meistens verloren haben. Das zu sehen hat aber nichts gemein mit sentimentaler Verherrlichung oder Romantisierung des Kinderlands (womit diese Epoche und auch ihre Pädagogik freilich nicht sparsam waren). Sondern ist es durchaus eine Wahrnehmung und Bewertung durch intellektuell hochwachsame Künstler bei ihrem Aufbruch in eine neue Epoche der Kunst; eine Wertung und Einschätzung von Ausdrucksmitteln, welche die Künstler für sich selber suchen. Was in der Pädagogik damals erst geahnt und programmatisch formuliert wurde, z.B. in dem berühmten, pathetischen Buch von Ellen Key »Das Jahrhundert des Kindes«, das wurde hier von den Künstlern bereits in Werke umgesetzt, in Bilder, die heute zu den Großtaten des 20. Jahrhunderts zählen.

Wir könnten von daher natürlich fragen: Wenn es denn so ist, dass Kinder (nicht generell, aber manche von ihnen) wirkliche und bedeutende Kunst schaffen, die an Ausdrucksstärke, an Verfremdung, an Witz und Originalität vieles, was auf der Documenta gezeigt wird, bei weitem übertrifft – warum werden denn solche Bilder in unseren Museen moderner Kunst nicht ausgestellt, sondern allenfalls auf pädagogisch oder psychologisch orientierten Sonderausstellungen und höchstens in einem Museum für Kinderkunst, das es in Oslo immerhin gibt? So weit sind wir anscheinend noch nicht mit unserer Bereitschaft, das Kind anthropologisch voll gelten zu lassen. Die Künstler selber sind da offenbar weiter als die Museumsleute, vielleicht auch als ihr Publikum (vgl. Matthews 1995). Und die Münchner und Berner Ausstellung ist wahrscheinlich die erste, welche Kinderkunst gleichberechtigt mit der großen Kunst ausstellt, weil deren Künstler sie ernst nehmen. Wir müssen dem Problem, das diese Ausstellung aufgeworfen hat, darum noch prinzipieller nachfragen.

## III.

Es ist, seit den bekannten Büchern von Philippe Ariès (dt. 1975) und Norbert Elias (2. Aufl. 1977), viel über die Entstehung der neuzeitlichen Kindheit geschrieben worden. »Entstehung« ist freilich in Anführungszeichen zu setzen. Gemeint ist, dass die Kindheit auf andere Weise ins Bewusstsein getreten ist und dass Kinder anders behandelt werden, eine andere Stellung in der Gesellschaft erhalten als in der vorindustriellen Zeit; und damit auch andere werden, sich anders entwickeln, gewissermaßen die Rolle von Kindern anders ausfüllen. Ich habe diesen Vorgang, seit er mir anhand sozialgeschichtlicher und psychohistorischer Literatur (van den Berg 1960) sichtbar geworden ist, als ein doppeldeutiges Geschehen angesehen. Einerseits handelt es sich um ein zunehmendes Bewusstsein von der Eigenart und den Bedürfnissen der Kinder: Die Kinderpsychologie, die Kinderliteratur, die Kinderkleidung, das Spielzeugangebot sind Anzeichen dafür; aber auch die Institutionen für Kinder, die Kinderschule (die für alle Kinder sich erst im späten 19. Jahrhundert einigermaßen durchsetzt), der Kindergarten (gefordert für alle seit Fröbel, bis heute noch nicht für alle Kinder zur Verfügung stehend), die Tagesstätten, die Fürsorgeeinrichtungen, Ausbildungs- und Berufsschulordnungen für entsprechende Erzieherberufe, Kinderkliniken, Rechtssicherung für Kinder usf. Das alles schafft immer bessere Lernmöglichkeiten, eine bessere Gesundheitsfürsorge, eine bessere Rechtsstellung, kurzum eine enorm gewachsene Aufmerksamkeit der Gesellschaft für Kinder, deren Bedürfnisse und Chancen zu einem Großfaktor des öffentlichen Lebens und der öffentlichen und privaten Aufwendungen werden. Diese Entwicklung hat aber eine Kehrseite, nämlich die immer weitere Ausgrenzung und Normierung, eine immer rationalere und psychologisch genauere Lenkung der Kinder. Sie werden eben nicht mehr im »Leben«, in der Berufs- und Alltagswelt der Erwachsenen mitgenommen, sondern sie werden in Einrichtungen gesteckt, künstliche Sozialgebilde mit Berufserzieherinnen und Lehrern und Sozialpädagogen: Lernorganisationen wie Massentierhaltung mit Zeittakt, Aufforderungen und Zwängen, Regeln und Auslese. Die neuzeitliche Pädagogik ist immer auch verstanden worden als Lenkungswissen, mit dem die Kinder in Einrichtungen »normalisiert« werden. Die Geschichte der modernen Erziehung hat mindestens eine Strähne, die man mit Recht »Schwarze Pädagogik« genannt hat (womit nicht die politische Farbe gemeint ist, sondern das Lebensfeindliche, Zerstörerische dieser Regelungsmacht, Rutschky 1977).

Das eben ist die Doppeldeutigkeit der Moderne, die Ambivalenz (oder »Dialektik der Moderne«, wie sie z.B. Jürgen Habermas, 1985, genannt und philosophisch beschrieben hat). Pädagogisch bedeutet sie:

In denselben gesellschaftlichen Bewegungen, in denen uns Kindheit bewusst geworden ist – und auch die moderne Pädagogik entstanden ist –, ist die Kindheit auch staatlicher Regelung und Disziplinierung ausgesetzt worden, allem voran durch das Schul- und Ausbildungswesen, das keineswegs nur als Fördereinrichtung für das Bürgerrecht auf Bildung fungiert, sondern zugleich als Einschnürung und Sortierung, mit dem die Gesellschaft sich der Brauchbarkeit ihrer Kinder versichert und ihnen von Staats wegen Chancen zuteilt oder vorenthält (ja, leider auch vorenthält! Über Arbeitslosigkeit wird z.T. schon in der Schule entschieden).

Man darf gewiss die alten Zeiten nicht romantisieren. Unser historisches Wissen von der Armut, von Mädchenschicksalen, vom Verkauf der kindlichen Arbeitskraft und verkrüppelten Kindern, vom traurigen Los bis in unser Jahrhundert herein bewahrt uns davor, die hübschen Bürgererinnerungen aus »Frohem Jugendland« und »Besonnter Vergangenheit« zu verallgemeinern. Andere Zeiten (Kriegs- und Hungerzeiten, Diktatur, Verfolgung und Vertreibung) hatten andere Risiken. Wir aber haben hier zu sprechen von den Risiken unserer Zeit im friedlichen Mitteleuropa. Und die kommen nun einmal heute auf dem Rücken des Wohlstands, der Aufklärung und hoher Bildungsanforderungen einher, und sie heißen Zeittakt und Selektion, äußere und innere Disziplinierung, Konformismus durch die Medien- und Warenwelt, Drogen, Verwahrlosung und ähnlich.

In den Achtzigerjahren kam die Frage auf, ob sich die moderne Vorstellung von Kindheit unter dem Druck gesellschaftlicher Vereinnahmung denn überhaupt noch halten lasse, ja ob nicht die Gesellschaft mit ihrer Definition, mit ihrer Zuschreibung von Lebensaltern so ins Rutschen gekommen sei, dass das ganze Konzept »Kindheit« sich verflüchtige. Kindheit sei nur eine »Konstruktion«, ein Einrichtung, die die Gesellschaft im 19./20. Jahrhundert getroffen habe. »Kinder werden nicht geboren« heißt ein herausfordernder Titel (Elschenbroich 1977), sondern zu Kindern gemacht. Oder: sie wurden dazu gemacht in der eben skizzierten sozialgeschichtlichen Entwicklung, aber diese Entwicklung geht zu Ende. Kindheit findet keinen Respekt mehr, sie wird nicht mehr geschützt von der Gesellschaft. Ist das Kind als Konsument, als Ferngucker oder Computerbenutzer einmal voll zugelassen und eingemeindet, dann ist die Kindheit »liquidiert« (Hengst u.a. 1981), dann ist das »Verschwinden der Kindheit« (Postman 1983) nahe, die Kindheit nur noch eine »Fiktion« und damit auch das Ende der Erziehung angesagt (Giesecke 1985; Postman 1995).

Nun, damit geraten wir wieder auf die Ebene der essayistischen Trendbeschreibungen und schwarzen Visionen à la Risikogesellschaft, mit deren Hilfe man zwar Fragen stellen, aber nicht die Erziehungsverhältnisse genauer verstehen kann. Die Kindheit – das weiß jede Praktikerin – ist nicht in erster Linie eine »soziale Konstruktion«, sondern sie ist und bleibt eine *Tatsache*; eine »Entwicklungstatsache« nennt Siegfried Bernfeld (1970) sie. »Entwicklung« verstehen wir nicht mehr (wie die alte Entwicklungspsychologie) vorwiegend als Reifungsvorgänge des Organismus – obwohl diese natürlich einen Hauptfaktor bilden. Entwicklung geschieht unter den Bedingungen der Kultur. Der Mensch ist nun einmal das Wesen, das sich der Kultur bedient und seine ganze Lebensweise (und damit auch die ganze äußere Natur) gestaltet hat, und von diesen Gestaltungen sich selber wieder formen lässt. Das Hauptproblem der Risikogesellschaft ist doch, dass uns diese Gestaltungen über den Kopf wachsen, dass wir sie mit Vernunft und Erziehung nicht mehr einholen können.

Ich resümiere meinen dritten Schritt: Die Modernisierungsprozesse des 20. Jahrhunderts sind für die Kinder zweischneidig: Kinder erhalten einerseits viel mehr Aufmerksamkeit, mehr Entwicklungschancen, mehr Förderung; andererseits aber erfahren sie auch viel mehr gesellschaftlichen Druck. Aus Familienkindern, die mitleben in der Lebens- und Arbeitswelt ihrer Eltern, sind Institutionenkinder und Laufbahnkinder geworden, deren Vorankommen an Leistungen, Prüfungen und Anpassung gebunden ist.

## IV.

Mit dem Nachdenken über unsere Kultur sind wir noch einmal auf eine etwas andere Ebene gelangt. Die geschichtlichen Vorgänge, von denen eben die Rede war, haben eine besondere »Kinderkultur« hervorgebracht. Es kann keine Rede davon sein, dass diese am »Verschwinden« wäre. Im Gegenteil: Sie tritt immer deutlicher hervor. Und sie macht uns Sorge, sie beunruhigt uns aus vielen Gründen; aber auch das ist ein Teil dieser Kultur.

Das Wort »Kinderkultur« wird in zwei Bedeutungen gebraucht: als die Teilkultur, die Kindern geboten wird, und als die eigene Kultur der Kinder (vgl. den Kongressband »Kinderkultur« 1987). Das Erste meint die Gesamtheit der Bedingungen, welche Erwachsene für Kinder eingerichtet haben und ständig schaffen (vom Vorlesen, über die Schule bis zum Warenangebot). Das Zweite, die Kultur der Kinder, besteht in dem, was Kinder – innerhalb oder außerhalb dieses Rahmens – selber tun: Freunde finden, Gruppen bilden, Urteile formen und Vorurteile hegen, z.B. gegenüber dem anderen Geschlecht; ihre Spiele und eigenen Verse, ihr Sammeln von Gegenständen (keineswegs nur solchen, die ihnen dafür angeboten werden), ihre Rituale und Tabus (z.B. wenn man die Pflasterritzen nicht betreten darf), ihre Mythen und Weltvorstellungen aller Art. Natürlich hängen die beiden Kulturen eng zusammen; ein Großteil der Kinderkultur ist Verarbeitung der Gesamtkultur. Dennoch scheint es mir sehr wichtig, nicht nur das eigene (und unverfügbare) Substrat »Kindheit« zu sehen, also das, was man »die Entwicklungstatsachen« nennt: die Stufen, Phasen und Perioden, in denen sich das Kind reifend auf den Erwachsenen und seine Kompetenzen zubewegt; sondern darüber hinaus zu beachten, dass diese Entwicklung eingebettet ist in eigene Kulturzusammenhänge und Handlungsfelder der Kinder, die sich immer wieder neu bilden, als ein Ineinander von Entwicklung, Reifung, Weltauslegung, auch kognitiver und praktischer eigener Gestaltung der Welt. Eine Gesellschaft, welche die

Selbstständigkeit hoch schätzt, gibt den Kindern auch immer mehr Raum für diese ihre »Kultur«, bis hin zur achselzukkenden Vernachlässigung des Laisser-faire, Laisser-aller. Aber das ist, pädagogisch gesehen, ein Missverständnis von Selbstständigkeit und eine Verwahrlosungserscheinung, Verwahrlosung in erster Linie der Erzieher, Erzieherinnen, Eltern, die ihrer eigenen Kultur und Lebenswerte nicht mehr sicher sind.

Lange Zeit haben die Pädagogen überschätzt, was man alles »aus den Kindern machen« könne. In der Tat kann man in Einzelrichtungen Erstaunliches erreichen, wenn man rechtzeitig und konsequent die Kinder lenkt, trainiert und diszipliniert (das wusste schon der alte Basedow, der Kinder wie Wundertiere dem staunenden Publikum vorführte – auf die Parallelen bis in die Gegenwart herein brauche ich kaum zu verweisen, Musik- oder Zirkustraining, aber auch der Eislauf- und Hochleistungssport sind bekannte Felder der Kindervergewaltigung). Mehr als diese Auswüchse meine ich aber die Haltung, die generelle Vorstellung des Machens: als könne man Kinder formen, wie – ein altes Bild – der Töpfer den Ton modelliert. Auch die Head Start Programme waren zum Teil von solchen Auswüchsen der Vorstellung bestimmt: Wenn man die Kinder nur früh und rigide genug auf Schulfähigkeit trainiere, dann fänden sie Anschluss an das große Aufstiegssystem unserer Gesellschaft, wo jeder nach seiner Tüchtigkeit reüssiert.

Als diese Erwartung und leider auch der große soziale Idealismus, der dahinter stand, sich nur sehr begrenzt als wirksam erwiesen, da breitete sich auch in der Pädagogik die Vorstellung aus: nicht die Erziehung, sondern die Gesellschaft sei an allem schuld, und die zu verändern sei die Pädagogik nicht imstande. Auf den utopischen Pädagogismus folgte ein resignativer Soziologismus; die genannten Bücher von der gesellschaftlichen »Fiktion der Kindheit«, dem »Ende der Kindheit«, »Ende der Erziehung« usw. gehören dazu.

Gegenüber solchen Pauschalbetrachtungen scheint mir für uns Pädagogen zweierlei wichtig: einmal die Beachtung der jüngeren Kinderforschung und einer ihrer Grundeinsichten, nämlich die Wahrnehmung einer erstaunlichen *Kompetenz* der Kinder, und zwar vom frühen Säuglingsalter an; einer Kompetenz, die nicht nur die unerhörte Lernfähigkeit des kleinen Kindes trägt. Kinder verfügen schon vom Säuglingsalter an über ein beachtliches Handlungsvermögen. Sie können Beziehungen stiften, auch komplizierte Verhältnisse wahrnehmen. Sie reagieren und handeln selbstständig und einfallsreich (Stone u.a. 1974). Sie zeigen dem aufmerksamen Betrachter von früh an ganz eigene Charakterzüge, auch eigene Wünsche und Sympathien, bestehen auf Regeln, entwickeln eigenes soziales Können und Handeln. Die Hauptbereiche dieser Selbstständigkeit sind das Sozialleben und das Spiel.

Und zweitens: diese Kompetenz der Kinder ist ein Potential, nicht ein vorgezeichneter Weg. Sie entwickelt und betätigt sich nicht im leeren Raum. Sie ist von den »ökologischen« Bedingungen abhängig und von der Kultur, die die Erwachsenen anbieten. Sie ist angewiesen auf die Interaktionen, die den Kindern möglich sind, also die Sprache, die Zuwendung, die Art und Weise, wie Kinder wahrgenommen und unterstützt werden in ihren Fähigkeiten. Aber es ist wichtig für uns und für die Kinder, dies zu wissen, dass sie von früh an Persönlichkeiten sind, Charaktere, Originale, die wir nicht »formen«, sondern mit denen wir in Austausch treten.

»Austausch« heißt nicht, dass wir die Rolle und die Verantwortung der Erwachsenen abwerfen könnten, alles das, was nun einmal die Zuständigkeit, die Lebenserfahrung und die Angewiesenheit der Kinder auf die Erwachsenen mit sich bringt. Austausch heißt vor allem: Interesse für Kinder, Wahrnehmung ihrer Person, ihrer Besonderheit, auch ihrer Schwierigkeiten; Wahrnehmung besonders auch dessen, dass Kinder auf dem Weg in die Erwachsenheit nicht nur größer werden, ihr Wissen und Können steigern, vernünftiger werden, sondern dass diese Entwicklung einhergeht mit Verlusten, mit Einengungen, mit »Normalisierung«, die das große Potential der Kindheit, ihren weiten Begabungshorizont in die Festlegungen des einzelnen Lebens führen. »Größer werden« ist nicht nur ein Zuwachs an Alter, Können und Verstand, sondern auch ein Abnehmen des Sehens, Fühlens, auch Nachdenkens und Nachfragens, weshalb man sich neuerlich ja auch für das Philosophieren von Kindern interessiert (Freese 1994; Matthews 1995) – und da sind wir also wieder bei den Bildern und der grandiosen Ausdrucksfähigkeit mancher Kinder mit Stift und Farbe, die auch den Künstlern unseres Jahrhunderts so sehr imponiert.

## V.

Das Zusammenspiel von Kompetenz, Selbstständigkeit und Kultur der Kinder mit den Botschaften und den Erziehungsaufgaben der Erwachsenen müsste ich jetzt veranschaulichen durch aktuelle Themen der *Spielpädagogik*, und zwar solche Themen, in denen heute oft Konflikte aufbrechen – zwischen Kindern und Erwachsenen; aber auch zwischen den Erziehungsauffassungen, wie sie unter den zuständigen Erwachsenen heute bestehen.

Es gibt eine ganze Reihe solcher Kontroverspunkte in der heutigen Spielpädagogik und Erziehungsdiskussion (Flitner 1996), etwa

- die Geschlechterthematik in der Form der jungen- und mädchengemäßen Spiele;
- die Bildschirmspiele, Videospiele, die ganze Fernsehkultur oder -unkultur, ein ständiger Konflikt- und Unruheherd der Erziehung;
- die Kampf- oder Kriegsspiele, die Bewaffnung von Kindern;
- die Kommerzialisierung und Wunscherzeugung im Spielzeug- und Sammelbereich der Kinder (die Barbie-Serien, die Stickerprodukte u.a.m.).

Ich nehme einen Bereich als Beispiel heraus, bei dem ich damit rechnen kann, dass fast alle Erzieherinnen sich schon oft damit beschäftigt und eine Position dazu gewonnen haben: das Kriegsspielen der Kinder, besonders der Jungen. Sie kennen alle die Hauptthesen, die hier einander gegenüberstehen:

Das brauchen die Kinder, sagen die Einen, für das unschädliche Üben ihrer Aggression, fürs Fertigwerden mit der eigenen Angst und zur Verarbeitung von Spannungen, zur Abreaktion für die grausigen TV-Bilder usf. Das ist die alte Katharsis-These. Bruno Bettelheim (1987) schlägt sogar vor, man solle den Mädchen Pistolen schenken.

Und die Gegenmeinung: Das ist Kriegsvorbereitung im Kinderzimmer, ein Anfüllen der Köpfe mit Krieg und Kriminalität. Die Kriegs- und Soldatenspielerei war eingebaut in die Strategie der Nazi- und der DDR-Erziehung. Die Kinder werden damit atmosphärisch in eine Welt von Brutalität und Gewalt eingeführt.

In der Perspektive der Kinderkultur, der Kompetenz- und Selbstständigkeitserziehung wäre auf einer ersten Ebene zu folgern: Das ist Spiel, gehört zur Sphäre der kindlichen Bedürfnisse, es soll der Freude und der Angstbearbeitung der Kinder dienen. Eine Einmischung zeugt von veralteter, unterdrückender Pädagogik.

Daneben gibt es (eine zweite Ebene) die Perspektive der Erwachsenen, die ebenfalls ihre lebensgeschichtlich bedingten Gefühle und Einstellungen zur Sache haben. Sie können nicht umhin, sich vom Kriegsspiel der Kinder mitbetroffen zu fühlen.

Eine dritte Ebene ist die der Gesamtgesellschaft, zu der die Kriegsnachrichten gehören wie die Friedensdebatte, aber auch der Markt mit den ungeheueren Geschäften, die da gemacht werden – Geschäften mit den wirklichen Kriegen, und mit den aggressiven und sicherheitsbedürftigen Gefühlen der Kinder, dem realistischen und grausamen Arsenal von Kriegs- und Verbrecherwaffen usf.

Die Vorstellung nun, das Spiel mit Waffen sei im Wesentlichen ein Teil der Kinderkultur und damit deren eigene Zuständigkeit, scheint mir illusionär oder doch nur einen Aspekt der Sache zu treffen. Mit ihrer Medienwelt einerseits, mit dem Spielwarenmarkt andererseits und den Anschaffungen, die Eltern für ihre Kinder vornehmen, sind die Erwachsenen ganz wesentliche Mitgestalter dieses Spielfelds. Meist sind sie sogar als Käufer und Schenkende auch emotional mittätig bei der Waffenspielerei. Nicht von ungefähr bekommen die Jungen das meiste davon, und Botschaften von Mut und Männlichkeit werden dabei mit verschenkt.

Wenn also empirisch festgestellt wird, welches Vergnügen Kinder an solchen Spielen haben (Wegener-Spöhring 1995), und wenn dafür geworben wird, Spiel als Spiel anzuerkennen, es nicht ständig mit Erwachsenengeschmack und Erwachsenenprojektionen zu überladen, sondern es als der Eigensphäre der Kinder anzuerkennen, so ist das in meiner Sicht nur eine halbe pädagogische Wahrheit. Die andere Hälfte besagt, dass es einer Vernachlässigung der Kinder gleichkommt, wenn man sie (vor lauter pädagogischer Behutsamkeit) die eigene Meinung der Erwachsenen in wichtigen moralischen Fragen nicht mehr wissen lässt.

Kinder müssen ihre Position finden. Das heißt aber: es müssen ihnen Menschen begegnen, wichtige und nahe Personen, welche Stellung nehmen. Auch moralische Urteile der Kinder können sich nur bilden in dieser Interaktion mit Menschen, die selber Position beziehen, denen also die Welt und ihr Verlauf nicht gleichgültig sind.

Für Kinder ist beides lebenswichtig: dass sie ihre eigenen Spielsphären haben und ein grundlegendes Verständnis, ja Anerkennung ihres freien Spiels (also keine Spielverbote) finden; dass sie auf der anderen Seite Erwachsene erleben als Menschen mit begründeter Stellungnahme, von denen sie lernen und an denen sie sich reiben können.

## VI.

Ich muss nun die Strähnen meines Vortrags zusammenführen, die heutigen Risiken in unserer Erziehungsarbeit benennen und zu einigen Folgerungen kommen. Ich lasse mir dabei helfen von einem Gespräch, das Donata Elschenbroich (vom Deutschen Jugendinstitut) mit Urie Bronfenbrenner(1993) geführt hat (Bronfenbrenner ist vielen von Ihnen nicht nur von der erwähnten ökologischen Psychologie her bekannt, sondern auch von seinen eindrucksvollen Studien über Kinder in den USA und der ehemaligen Sowjetunion, und über Head Start und die kompensatorische Erziehung). Was sind die schwersten Risiken, denen Kinder der westlichen Welt heute ausgesetzt sind?

Einmal – dass Kinder ohne Bindungen aufwachsen, dass sie niemanden haben, der sie wirklich mag (das, meint Bronfenbrenner, ist noch relativ selten in unserer Gesellschaft: Das Bindungsbedürfnis, die wechselseitige Verstrickung ist, bei aller Kompliziertheit heutiger Beziehungen, durchaus vorhanden – und sogar »ziemlich zäh« auch in der Moderne. Sie ist die Voraussetzung für alles andere).

Weiter: dass neben dieser zentralen Bindung ein Minimum von sozialem Netz fehlt, ein zweiter Erwachsener, der »unterstützt, kommentiert, kritisiert«, und ein Mikrosystem, ein sozialer Umkreis jenseits der Klein- oder Kleinstfamilie (die nun einmal das häufige moderne Schicksal ist).

Nicht nur die Notwendigkeit zu kennen, sondern die Qualität dieses Netzes wahrzunehmen – das ist gewissermaßen die Pointe der ökologischen Betrachtungsweise, die Bronfenbrenner und andere eingeführt haben. Isolierung durch Armut und Arbeitslosigkeit und Isolierung durch Mobilität bedrohen dieses Gefüge, das Kinder zum Aufwachsen brauchen (in den USA gewiss noch mehr als bei uns).

Wenn manche westdeutschen Betrachter der DDR die frühe Kollektivierung der Kinder kritisiert haben und rasch aus der Hospitalismusforschung (vgl. Rutter 1981) folgerten, die

Krippen- und Horterziehung müsse zu seelischen Entwicklungsstörungen führen, so haben sie sich die Sache oft zu leicht gemacht. In der DDR, soweit ich sie, auch seit langem durch meine Thüringer Verwandtschaft, kennengelernt habe, war mit Betriebshilfen, mit sehr viel lockereren Verpflichtungen am Arbeitsplatz, mit Vorrechten für allein erziehende Mütter, mit viel geringerer Mobilität der Gesellschaft und schließlich mit der Sicherheit von Wohnung und Arbeitsplatz ein soziales Netz, eine sichernde Umwelt durchaus vorhanden. Die Ostdeutschen wissen oft auch, warum sie sich heute nicht ohne weiteres der Zumutung unterwerfen, Gebiete zu verlassen, in denen sie keine Arbeit finden. Sie möchten ebendiesen persönlichen Vertrautheitsradius, die Umwelt, nicht verlieren (wenn schon die Arbeitsstelle wackelt und womöglich der Hort- oder Kindergartenplatz). Das hat durchaus auch rationale Gründe, Gründe seelisch-ökologischer Vernunft für sich, auch wo es der Rationalität des Arbeitsmarkts widerspricht.

Aber zurück zum Gespräch mit Bronfenbrenner. Er nennt noch einen dritten Risikofaktor, der ihm in seinen Untersuchungen immer deutlich entgegengetreten ist: den Zeittakt der Moderne. Wir kennen das alle, aber es ist doch nützlich, es in dieser Formulierung zu hören. Es »ist die Hektik und die Unberechenbarkeit der familialen Lebensstile. Kinder brauchen eine andere Qualität von Zeit als Erwachsene, sie brauchen mehr Konstanz. Sie brauchen erwachsene Bezugspersonen, die nicht zu jeder Tages- und Nachtzeit ans Telefon gerufen werden, die nicht ständig ihren Kontakt zu Kindern unterbrechen«. Bindung entsteht durch einen gemeinsamen Alltag, gemeinsames Tun; »Liebe allein« reicht wirklich nicht (so zitiert er Bettelheim). »Man muss etwas gemeinsam tun, und zwar mit einer gewissen Regelmäßigkeit«.

Ich fahre fort, über das genannte Interview hinaus, aber durchaus im Sinne der Bronfenbrennerschen »Ökologie« des Kinderlebens: Kinder sind bedroht, wenn ihr Spiel bedroht ist, das heißt, wenn ihnen ihr Weg zu einer aktiven Auseinandersetzung mit dem, was sie erleben, was sie bedrängt, was sie an sich selbst erfahren, nicht geöffnet ist. Es ist theoretisch umstritten, ob man dabei auf das – mir sehr einleuchtende – psychoanalytische Erklärungsmodell angewiesen ist, um sich deutlich zu machen, warum Kinder das Spiel einfach »brauchen«, warum sie es benötigen, um seelisch gesund zu bleiben. Auch mit anderen theoretischen Modellen und Einsichten kommt man zu dem Ergebnis, dass Kinder Erlebnisse aufarbeiten im Spiel, dass sie mit Frustrationen und Abhängigkeiten fertig werden und den ganzen Druck der Sozialisation darin erleichtern, kompensieren, bewältigen; dass sie Verletzungen und Angstereignisse wiederholen, ausbreiten und aktiv in Szene setzen. Das Spiel ist deshalb längst zum Hauptweg der Kinderpsychotherapie geworden. Auch wo das Verständnis der Therapeutin nicht ausreicht oder fehlgeht, vermag sie doch allein dadurch, dass sie dem Kind das Spielen ermöglicht, ihm zu helfen, sich selber mit seinen Spannungen zu arrangieren. Spielenkönnen ist also lebenswichtig. Wo die Umgebung, die gebaute und befahrene und gefährlich gewordene Umwelt, das Spielen zerstört oder wo das Fernsehen (das niemals Spielersatz sein kann, weil es das Kind passiv lässt, also ihm gerade die entscheidende Wohltat des Selberhandelns verweigert) das Spielen wegnimmt, oder wo die Zeitorganisation der Eltern durch Lebenszwänge oder durch Leistungsehrgeiz dem Kind alle Zeit zum Spielen stiehlt – dort werden die Risiken der Moderne übermächtig.

Und schließlich laufen die Kinder heute das Risiko, dass ihnen Meinung, Stellungnahme und Partnerschaft vorenthalten werden – sei es aus Gleichgültigkeit, sei es aus programmatischer Antipädagogik. Ich meine, dass heute auch den beruflichen Erziehern die Aufgabe zufällt, Minima der Erziehungshaltung, auch gegenüber Eltern, zu verteidigen. »Wir können doch nicht auch noch die Eltern erziehen!« wird eingewandt. »Erziehen« wohl nicht, aber doch den pädagogischen Sachverstand behaupten, auch gegen die Unvernunft mancher Eltern, aufseiten und zugunsten der Kinder, die uns anvertraut sind in risikoreicher Zeit.

## Literatur

Ariès, Ph.: Geschichte der Kindheit. München 1975.

Beck, U.: Risikogesellschaft. Auf dem Weg in eine andere Moderne. Frankfurt a. M.1986.

Beck, U./Beck-Gernsheim, E.: Das ganz normale Chaos der Liebe. Frankfurt a. M. 1990.

Beck, U./Beck-Gernsheim, E. (Hrsg.): Riskante Freiheiten. Individualisierung in modernen Gesellschaften. Frankfurt a. M. 1994.

Berg, J.H. van den: Metabletica. Über die Wandlung des Menschen. Göttingen 1960.

Bernfeld, S.: Sisyphos oder die Grenzen der Erziehung (1925). Frankfurt a. M. 1970.

Bettelheim, B.: Ein Leben für Kinder. Erziehung in unserer Zeit. Stuttgart 1987.

Bronfenbrenner, U.: Erziehungssysteme. Kinder in den USA und der Sowjetunion. München 1973.

Bronfenbrenner, U.: Die Ökologie der menschlichen Entwicklung. Stuttgart 1981.

Bronfenbrenner, U.: Universalien der Kindheit? Interview m. D. Elschenbroich. In: Dt. Jugendinstitut 1993, S. 74–77.

Coleman, J.S.: Die asymmetrische Gesellschaft. Vom Aufwachsen mit unpersönlichen Systemen. Weinheim 1986.

Deutsches Jugendinstitut (Hrsg.): Was für Kinder. Aufwachsen in Deutschland – Ein Handbuch. München 1993.

Elias, N.: Über den Prozess der Zivilisation (1939). 2. Aufl., Frankfurt a.M. 1977.

Elschenbroich: Kinder werden nicht geboren. Bensheim 1977.

Fineberg, J.: Mit dem Auge des Kindes. Kinderzeichnung und moderne Kunst (Katalog der Ausstellung München/Bern 1995).

Flitner, A./Hornstein, W.: Kindheit und Jugendalter in geschichtlicher Betrachtung. In: Z.f.Päd. 11 (1965), S. 66–85.

Flitner, A.: Reform der Erziehung – Impulse des 20. Jahrhunderts. München/Zürich 1993.

Flitner, A.: Spielen-Lernen. Praxis und Deutung des Kinderspiels. Neubearbeitung München 1996.

Freese, H.-L.: Kinder sind Philosophen. 5. Aufl., Weinheim/Berlin 1994.

Giesecke, H.: Das Ende der Erziehung. Stuttgart 1985.

Götze, C.: Das Kind als Künstler. Hamburg 1898.

Habermas, J.: Der philosophische Diskurs der Moderne. Frankfurt a. M. 1985.

Hengst, H. u.a.: Kindheit als Fiktion. Frankfurt a. M. 1981.

Kerschensteiner, G.: Die Entwicklung der zeichnerischen Begabung. München 1905.

Key, E.: Das Jahrhundert des Kindes (dt. 1902). Hrsg. v. U. Herrmann. Weinheim 1992.

Kinderkultur. 25. deutscher Volkskundekongress. Bremen 1987.

Matthews, G.B.: Die Philosophie der Kindheit. Weinheim/Berlin 1995.

Mitscherlich, A.: Auf dem Weg zur vaterlosen Gesellschaft. München 1963.

Postman, N.: Das Verschwinden der Kindheit. Frankfurt a.M. 1983.

Postman, N.: Keine Götter mehr. Das Ende der Erziehung. Berlin 1995.

Rutschky, K. (Hrsg.): Schwarze Pädagogik. Frankfurt a.M. 1977.

Rutter, M.: Maternal Deprivation Reassessed. Second Edition. Harmondsworth 1981.

Schulze G.: Die Erlebnisgesellschaft. Kultursoziologie der Gegenwart. 5. Aufl. Frankfurt a.M. 1995.

Stern, W.: Sammlungen freier Kinderzeichnungen. In: Z. angew. Psych. 1 (1908), S. 179–183.

Stone, L. J. u.a. (Hrsg.): The Competent Infant. London 1974.

Wegener-Spöhring, G.: Aggressivität im kindlichen Spiel. Grundlegung in den Theorien des Spiels und Erforschung ihrer Erscheinungsformen. Weinheim 1995.

*Thomas Rauschenbach*

# Soziale Arbeit und soziales Risiko

Soziale Dienste und öffentliche Erziehung sind untrennbar mit dem Projekt der Moderne und ihrer Entfaltung als Industriegesellschaft verknüpft. Dieses Junktim lässt sich an der Entstehung des modernen Erziehungssystems ebenso ablesen (vgl. Tenorth 1988) wie an der »Geburt« der Sozialen Arbeit (vgl. Mollenhauer 1959; Münchmeier 1981; Sachße 1986). Vor allem in ihren Formen öffentlicher, institutionalisierter, verberuflichter Organisation – Schule, Kindergarten, Jugendamt, um nur einige zu nennen – sind sie selbst ein Produkt der Moderne.

Dieser Verweisungszusammenhang mit der jüngsten Epoche der gesellschaftlichen Entwicklung erschließt sich für die Soziale Arbeit[1] aber nicht nur *quantitativ*, insoweit erst in dieser Phase ein zahlenmäßig relevanter Bedarf an fachlich geschultem Personal – Lehrer/innen, Erzieher/innen, Sozialarbeiter/innen – entstanden ist, sondern auch *inhaltlich-qualitativ*, insoweit die unhintergehbaren Grundkomponenten an sozialer Ordnung und normativer Orientierung für die Soziale Arbeit – etwa (Lohn-)Arbeit, (Klein-)Familie, Normalität – zugleich auch konstitutive Bausteine der Moderne sind.

1 »Soziale Arbeit« wird hier nicht in einem disziplinär-geschlossenen Sinne verwendet. Der Begriff soll zwar vor allem das vielschichtige und an den Rändern wenig konturenhafte Segment der Sozialarbeit und der Sozialpädagogik kennzeichnen; ausdrücklich betont werden soll dabei aber, dass insbesondere über den quanitativ hohen Anteil von Kindern bis zum Schulalter in öffentlichen Erziehungseinrichtungen der Erziehung, also der *pädagogischen* Seite der Sozialen Arbeit, ein eigenständiges Gewicht zukommt.

Infolge dieser Koppelung der Sozialen Arbeit an die Moderne ist sie aber auch gleichsam schicksalhaft in doppelter Weise von deren Entwicklung und Zukunft abhängig, wird sie doch unmittelbar von den damit verknüpften Veränderungen und Transformationen tangiert. Dies ist – jenseits von modischen Zyklen und disziplinärem Zeitgeist – der sachliche Kern, weshalb Soziale Arbeit sich analog zu den behaupteten oder tatsächlichen Modernisierungsschüben, zu den Kontinuitäten oder Zäsuren (vgl. Berger 1986) im gesellschaftlichen Wandel selbst vergewissern, selbst beobachten und dabei neu verorten muss: Wie organisiert eine sich wandelnde Gesellschaft das Auf- und Hineinwachsen der je nachfolgenden Generation, und wie bringt sie das gewünschte »Produkt« – etwa stabile und selbstständige Persönlichkeiten – hervor? Dies ist die *pädagogische* Frage. Und: Wie geht eine Gesellschaft mit der Existenz sozialer Ungleichheiten und normativer Abweichungen um, wie bewältigt sie die destabilisierenden psychosozialen Krisen und soziokulturellen Ungewissheiten? Dies ist die *soziale* (genauer: sozialpolitische und sozialpädagogische) Frage.

Diese zugespitzte Abhängigkeitsannahme lässt bereits erahnen, in welchem Ausmaß die impliziten Koordinaten pädagogisch-sozialen Denkens und Handelns zur Disposition stehen *können* (nicht müssen), sozusagen selbst in höchstem Maße ungewissheitsbelastet und gefährdet sind, wenn sich die gesellschaftlichen Stabilisatoren aufzulösen beginnen. Und genau dies ist der Ausgangspunkt der Analyse: »Die Quellen der Gewissheit, aus denen die Moderne sich gespeist hat, beginnen zu versiegen« (Beck 1985, S. 97). Dieser Befund der Ungewissheitszunahme – vermutlich der derzeit einzige Befund mit Gewissheit – dürfte als Gegenwartsdiagnose am ehesten den epochalen Zustand charakterisieren. Dass dabei die Soziale Arbeit als »intermediäre Instanz«, als Scharnierstelle zwischen lebensweltlichen und systemischen Rationalitätserfordernissen, in den beobachtbaren Schwierigkeiten im Prozess der (Fein-)Abstimmung und Synchronisation zwischen individueller und gesellschaftlicher Gestaltung des Lebens vermutlich sogar ein besonders sensibler Seismograph für die dabei auftretenden empirischen Verwerfungen und Erosionen ist, könnte von Vorteil sein.

Mit der Beckschen Diagnose von der »Risikogesellschaft« (vgl. Beck 1986) lässt sich – zunächst ganz undifferenziert – die Annahme verbinden, dass die gesellschaftliche Modernisierung eine neue Stufe der Entwickung mit neuen, zusätzlichen oder anderen Bestimmungsmerkmalen erreicht hat. Dies ist selbstverständlich eine weit reichende und – im Falle ihrer Richtigkeit – auch eine immens folgenreiche Annahme. Und so ist es auch nicht verwunderlich, dass sie zu Kontroversen in vielerlei Hinsicht Anlass gibt, korrespondiert sie doch mit Ungewissheit auf zumindest drei Ebenen: zum einen auf der Ebene eines noch ungewissen Befundes zu einem empirischen Sachverhalt; zum anderen, im Falle seiner empirischen Evidenz, als Ungewissheit über den Gehalt und die Merkmale dieses Wandels; und schließlich in Form von »Ungewissheit« als konstitutivem Merkmal der Modernisierung selbst.

In den nachfolgenden Überlegungen soll zunächst in einem ersten Durchgang eine Lesart im Anschluss an das Konstrukt der Risikogesellschaft gewählt werden, die deren Relevanz für den hier anstehenden Kontext deutlich machen soll, um sodann nach dem Gehalt einer bislang unterbelichteten sozialen Risikodiagnose zu fragen und daran einige Folgerungen für die Soziale Arbeit anzuschließen.

## 1. Risikogesellschaft – eine Metapher ohne kategorialen Gehalt?

In einer Zeit, die im politischen Weltmaßstab immer deutlicher geprägt wird durch das Ende einer binär schematisierten Konfrontation – Ost/West, Kapitalismus/Sozialismus –, einer polarisierenden Option, die ein Drittes, einen dritten Weg stets so gut wie ausgeschlossen hatte, droht nun auch noch die strukturelle Herausforderung, die in der Konstruktion von Gegensatzpaaren, in dem Blick von der anderen Seite liegt, verloren zu gehen. Während die einen in der Arithmetik von Sieg und Niederlage sich rühmen, es schon immer gewusst zu haben, und den anderen gleichsam pauschal das Anrecht absprechen, ihre eigene politische Kultur differenziert zu betrachten, beginnen Dritte wiederum sich (gedanklich) mit dem »Danach« zu befassen. In diesen Versuchen, das »Nichtmehr« und das »Noch-nicht« in Worte zu kleiden – »Postmoderne« nennen das manche, »Postindustrialismus«, »Spätkapitalismus«, »Postfordismus« oder »Übergangsgesellschaft« andere –, hat Ulrich Beck mit seinem Konstrukt von der Risikogesellschaft einen eigenen Vorschlag vorgelegt und damit zweifellos einen neuen Stein in die sprudelnden Debatten der gesellschaftlichen Selbstvergewisserungen geworfen (vgl. Beck 1986, 1991). In Form einer, wie er es selbst nennt, »empirisch orientierten, projektiven Gesellschaftstheorie« (Beck 1986, S. 13), entwickelt er eine Lesart der Moderne, die auf die klassischen Instrumente soziologischer Argumentation weit gehend verzichtet: die begrifflich-kategoriale Theoriearbeit einerseits und die empirische Sozialforschung andererseits. In der Wahl eines schmalen Mittelweges, der die unübersehbare Kraft (und Verführungsmacht) sprachlicher Anschauung nutzt, setzt er sich zwangsläufig der Kritik von beiden Seiten aus (aus theoretischer Sicht vgl. etwa zuletzt Luhmann 1991).

In dem hier anstehenden Kontext soll und kann weder eine kategorial-systematische noch eine empirisch-kritische Überprüfung der grundlegenden Annahmen im Konstrukt der Risikogesellschaft geleistet werden (vgl. Brock 1991). Dennoch soll eine Lesart vorgeschlagen werden, die den impliziten Theoriegehalt der Risikogesellschaft und des Risikobegriffes in dem hier zur Debatte stehenden Zusammenhang deutlich werden lässt. Dabei scheint es mir jedoch hilfreich zu sein, wenigstens analytisch etwas stärker, als dies, wenn ich recht sehe, bei Beck selbst der Fall ist, zwischen Risikogesellschaft als gesellschaftlicher Gegenwartsdiagnose und den Implikationen des zugrunde liegenden Risikobegriffes selbst zu unterscheiden.

Ausgangspunkt der Argumentation bei Beck ist die Annahme, dass die Industriegesellschaft in ihren bisherigen Grundrissen einer halbmodernen Gesellschaft gleicht, Moderne und Industriegesellschaft somit auseinander fallen. Dieser folgenreiche Perspektivenwechsel wird kategorial durch einen Übergang zu einer anderen Moderne aufgezeigt, für dessen Kennzeichnung er den Begriff des »Risikos« zum Topos erhebt. Damit postuliert Beck freilich mehr als eine neue Metaphorik; er selbst spricht gar von einem Paradigmenwechsel, was zur Folge hat, dass die Parameter dieses Strukturwandels auch in einer Theorie formuliert werden müssen (zu einigen damit korrespondierenden Fragen vgl. etwa Lau 1989; Bonß 1991; Brock 1991). Was also verbirgt sich hinter dem so häufig und so häufig unbedacht verwendeten Modewort »Risikogesellschaft«?

Hierzu einige knappe und eher rekapitulierende Anmerkungen.

Die bislang dominierende Form der Industriegesellschaft ist nicht das Ganze, nicht das Ende industrieförmig organisierter Gesellschaften. Oder, in den Worten von Beck: »In den Entwurf der Industriegesellschaft sind auf vielfältige Weise – etwa in der Schematik von ›Klassen‹, ›Kleinfamilie‹, ›Berufsarbeit‹, in dem Verständnis von ›Wissenschaft‹, ›Fortschritt‹, ›Demokratie‹ – Bauelemente einer *industriell-immanenten Traditionalität* eingelassen, deren Grundlagen in der Reflexivität von Modernisierungen brüchig, aufgehoben werden. So seltsam es klingen mag: Die dadurch ausgelösten epochalen Irritationen sind durchweg Ergebnisse des *Erfolges* von Modernisierungen, die jetzt nicht mehr *in* den, sondern *gegen* die Bahnen und Kategorien der Industriegesellschaft verlaufen. Wir erleben einen Wandel der Grundlagen des Wandels. Dies denken zu können setzt allerdings voraus, dass das Bild der Industriegesellschaft revidiert wird. Sie ist ihrem Grundriss nach eine *halb*moderne Gesellschaft, deren eingebaute (!) Gegenmoderne nichts Altes, Überliefertes ist, sondern *industriegesellschaftliches Konstrukt und Produkt* ... Das heißt aber: die Industriegesellschaft *labilisiert sich in ihrer Durchsetzung selbst*« (Beck 1986, S. 19 f.).

Damit knüpft Beck an eine Denkfigur an, wie sie Eduard Heimann bereits in den 20er Jahren im Verhältnis von Sozialpolitik und Kapitalismus in ähnlicher Weise formuliert hat: den diesem Gesellschaftstypus eingelagerten Widerspruch, der diesbezüglich inhärente Zwang zur Selbsterneuerung, die (einzig verbleibende) Möglichkeit des Bestandes durch Wandel (vgl. Heimann 1980). Beck geht demnach davon aus, dass sich die Industriegesellschaft alternativlos selbst in eine andere Moderne verwandelt: »Die Dynamik der Industriegesellschaft treibt sie über sich selbst hinaus« (Bilden 1989, S. 20). Und das Erkennungszeichen dieser neuen Modernisierungsrationalität wäre demzufolge die Logik einer neuen Qualität von *Risikoproduktion und Risikoverteilung* – deshalb nennt er sie auch »industrielle Risikogesellschaft«.[1]

Dass sich die Industriegesellschaft als eine halbierte Moderne erweist, lässt sich nach Beck daran festmachen, dass die alten Prämissen der Industriegesellschaft – Erwerbsarbeit und Hausarbeit, Familie und Geschlechterverhältnisse, Klassenzugehörigkeit, Fortschrittslogik, Wissenschaftsgläubigkeit – selbst zur Disposition stehen. Im Bild geredet: Die Industriegesellschaft muss in einem unkalkulierbaren Prozess mit offenem Ausgang wie ein baufälliges Haus in seinen Fundamenten ausgebessert oder erneuert werden, *ohne* dass dieses Haus zwischenzeitlich verlassen werden kann. Daraus entstehen spezifische Risiken, Ungewissheitshorizonte, weil das Altbe-

1 Infolgedessen treffen die Einwände von Brock (1991, S. 14 ff.), wie er sie im Zusammenhang mit der Frage nach einer epochalen Zäsur zwischen Industriegesellschaft und Risikogesellschaft bei Beck formuliert, die Pointe der Beckschen Figur genau nicht, insofern es hierbei gewissermaßen um die Form einer system*immanenten* Transformation geht (vgl. auch Merten/Olk 1992).

währte sich nicht mehr eignet, dysfunktional wird. Alles, was für eine lange Zeit innerhalb der Industriegesellschaft »normal« war – das Normalarbeitsverhältnis, die Normalfamilie, die Normalbiographie – , wird brüchig, diskontinuierlich, verliert an Verbindlichkeit und ist so nicht mehr zuverlässig kalkulierbar. Vieles, was für die Entwicklung und Stabilität der Moderne bislang konstitutiv und funktional war – der Eigensinn und »Schutz« der Familie, die Integrationskraft der traditionellen Herkunfts- und Wertemilieus, die lebensweltlich-innerfamiliale Nutzung des weiblichen Arbeitsvermögens, die ordnungspolitische Bedeutung kollektiver Zugehörigkeiten zu Stand, Klasse und Schicht –, dies alles zerfällt, gerät nun selbst in die Modernisierungsfallen und verliert an Bedeutung.

Das ist die *eine* Seite, sozusagen das rückwärts gewandte Gefährdungspotential der Risikogesellschaft. Die Industriegesellschaft streift etwas ab, modifiziert und erneuert etwas, worauf sie sich selbst gegründet hat, wodurch ihre Entfaltung nur möglich war, was jedoch aus den Beständen »quasiständischer« Lebensformen in die neu entstehende Industriegesellschaft übernommen wurde: Familie, Berufsarbeit, Geschlechterdisparitäten, Klasse und Schicht. Diese bisherigen Garanten ihrer Effizienz geraten in Widerspruch zu den sich immer mehr durchsetzenden Modernisierungslogiken der Industriegesellschaft, also etwa zu den Ansprüchen an Flexibilität und Mobilität, zu einer vollkommen individualisierten Konsumentenrolle und zu einer sich in allen Bereichen durchsetzenden Marktorientierung.

Mit anderen Worten: Die modernisierte *Produktion* erfordert eine Neuformatierung des *Reproduktionssektors*. Oder, in den Kategorien von Jürgen Habermas (1981a, 1981b): Systemische Effizienzsteigerungen und Komplexitätserhöhungen setzen weitere Rationalisierungsschübe der Lebenswelt voraus. »Komplexitätssteigerungen (des Systems; Th.R.) sind ihrerseits von der strukturellen Differenzierung der Lebenswelt abhängig« (Habermas 1981b, S. 258). Infolge der damit in Gang gesetzten »Neuformatierungsprozesse« wird die sich wandelnde Gesellschaft zu einer Risikogesellschaft, »nicht nur weil sie in ständiger Vorläufigkeit und Selbstgefährdung existiert, sondern auch weil sie dazu verurteilt ist, die neuen Spielregeln, auf deren Grundlage Zusammenleben und Überleben möglich scheinen, aus sich selbst hervorzubringen *und* verbindlich zu machen« (Weymann 1988, S. 6). Diese Gefährdung der lebensweltlich-sozialen (und nicht der ökologischen) Grundlagen im Prozess der Rationalisierung der Lebenswelt verweist, wie noch zu zeigen sein wird, besonders auf die *sozialen* Bestandteile der Risikogesellschaft.

Die *andere* Seite, sozusagen das vorwärts gewandte Gefährdungspotential der Risikogesellschaft, indessen zielt auf die »Erfolge« der Industriegesellschaft selbst, das heißt, auf ihre eigenen Errungenschaften, ihr Innovationspotential und nicht auf ihre überlieferten, nunmehr alternden Wurzeln. »Risikogesellschaft meint eine Epoche, in der die Schattenseiten des Fortschritts mehr und mehr die gesellschaftlichen Auseinandersetzungen bestimmen« (Beck 1991, S. 10). Und infolgedessen liegt das »Zentrum des Risikobewusstseins nicht in der Gegenwart, sondern in der *Zukunft*. In der Risikogesellschaft verliert die Vergangenheit die Determinationskraft für die Gegenwart. An ihre Stelle tritt die Zukunft« (Beck 1986, S. 44).

In diesem Sinne wird die Rede von der Risikogesellschaft zum Indikator für einen Zustand der Industriegesellschaft, in dem diese anfängt, ein breites öffentliches Bewusstsein davon zu erlangen, dass ein bestimmter Teil der Gefährdungslagen »hausgemacht« ist, »der Gesellschaft« bzw. einzelnen Akteuren selbst zugerechnet werden kann (zur Frage, ob diese Risiken »neu« sind, vgl. Beck 1991, S. 117ff.). Als industrielle Nebenfolgen, mit oder ohne Wissen erzeugt, z.T. willentlich in Kauf genommen (z.B. Verkehrsunfälle), lassen sie sich aber dennoch nicht problemlos kontrollieren, geschweige denn beseitigen. Das heißt: Die fortschreitende Industriegesellschaft wird zu einem Opfer ihrer eigenen Fortschrittslogik, ist Subjekt und Objekt zugleich, ist in einem Moment Täter, um sodann zu ihrem eigenen Opfer zu werden – ähnlich dem

Märchen der Gebrüder Grimm von dem selbst herbeibestellten, sich stets vermehrenden und letztlich nicht mehr zu bändigen süßen Hirsebrei, weil dessen grenzenlose Ausbreitung niemand mehr zu stoppen weiß, oder wie bei dem berühmten Geist aus »Aladin und die Wunderlampe«, der aus der geöffneten Flasche entweichen, fortan jedoch nicht mehr gebändigt werden kann.

Die Schreckensvisionen einer atomaren Verseuchung wurden zwar trotz Tschernobyl erst einmal gekonnt beiseite geschoben, die drohenden Zerstörungen der Weltmeere und Regenwälder lassen sich in todsicheren Abständen den Medien entnehmen, Ozonloch, Treibhauseffekt und Klimakatastrophen beängstigen die Öffentlichkeit wellenförmig, alles beschäftigt inzwischen auch irgendwie die Politik – aber nichts von alledem hat sie bislang unter Kontrolle. »*Reflexive Modernisierung*« nennt Beck die dafür notwendige neue Qualität an Rationalität (vgl. Beck 1986, S. 254ff.) Es kommt darauf an, die Folgen der Produktion heutiger Lebensbedingungen, den Preis einer bedenkenlos und grenzenlos Waren produzierenden Industriegesellschaft *im Vorhinein* zu bedenken (und beispielsweise die Beweispflicht der langfristigen Umweltverträglichkeit umzukehren).

Dieser ganze Mechanismus riskanter, ungewissheitsbelasteter Entscheidungen wird unterdessen deshalb so kompliziert – und dies macht die besondere Gefahrenqualität einer hoch technisierten Risikogesellschaft aus –, weil viele dieser produzierten Risiken *wissensabhängig, unsichtbar, unberechenbar und universell* sind (vgl. ebd., S. 36f.). Und noch weiter: »Atomare, chemische, ökologische und gentechnische Gefahren sind im Unterschied zu frühindustriellen Risiken (1) weder örtlich noch zeitlich noch sozial eingrenzbar, (2) nicht zurechenbar nach den geltenden Regeln von Kausalität, Schuld, Haftung und (3) nicht kompensierbar, nicht versicherungsfähig« (Beck 1991, S. 10).

Wissensabhängigkeit, Entsinnlichung, Ungewissheit, (nichtindividuelle) Zurechenbarkeit und sozial- und zeiträumliche Entgrenzung werden so zu zentralen Merkmalen jener Sorte von Gefährdungslagen, die im Unterschied zu Gefahren als Risiken bezeichnet werden können (zur Differenz von Risiko und Gefahr vgl. Luhmann 1991, S. 30ff.). Als vielfach »blinde Passagiere des Normalkonsums« (Beck 1986, S. 53) sind sie nicht mehr zu sehen und nicht mehr zu riechen, nicht mehr zu spüren, lassen sich nicht mehr so einfach, also kontrollierbar wegschieben, ausgrenzen, anderen zuschieben. Durch menschliche Entscheidungen selbst produzierte Risiken werden zum buchstäblich täglichen Begleiter des ganz gewöhnlichen Lebens – sei es in der Luft, im Wasser, im Boden, auf der Straße oder in der Nahrung.

Sie belasten selbst routinisierte und regelmäßige Handlungen in einem Ausmaß mit der Ungewissheit möglicher negativer Folgen, dass ein rational-präventives Vermeidungsverhalten kaum noch möglich ist (weil man sich, um im Beispiel zu bleiben, Luft, Wasser, Straße und Nahrung nicht völlig entziehen kann): »Es gibt kein risikofreies Verhalten« (Luhmann 1991, S. 37). Und dabei sind die Menschen alternativlos davon abhängig, dass irgendjemand sagt, wo die Gefahren lauern, was passiert, wenn ... usw.[1]

Das Konstrukt der Risikogesellschaft kennzeichnet somit eine immer komplexer werdende, sich in ihre eigenen Widersprüche verwickelnde Industriegesellschaft, die ihren Fortschritt nicht steuert und eine Zukunft ohne Plan vor sich hat, eine segmentierte Gesellschaft, in der stattdessen Schadensbegrenzung, Schadensabwicklung, Beschwichtigung und – im

1 Hierbei ist noch nicht einmal der keineswegs untypische Fall des gesellschaftlichen (Noch-)Nicht-Wissens mitbedacht: dass wir tagtäglich mit Dingen leben, die wir sorglos verwenden, da wir annehmen, dass sie nicht schädlich sind, weil dies – noch – niemand weiß, wissen will oder wissen kann (Beispiele der Vergangenheit: Asbest, Röntgenstrahlen, infizierte Blutkonserven, Wohnen auf Altlasten). Diese Risiken lassen sich auch als »Gefahren zweiter Ordnung« bezeichnen (vgl. Bonß 1991, S. 265), da sie letztlich wie Naturkatastrophen wirken: Man ist ihnen ausgesetzt, man kann sie nicht vermeiden. Diese Sorte von unerkannten Risiken offenbart unterdessen noch ungleich drastischer die fatale Entsinnlichung, Ungewissheit, Wissensabhängigkeit und Entgrenzung als Bestandteile dieser Gefahren zweiter Ordnung in der Moderne.

günstigsten Falle – Minimierung selbst erzeugter Risiken immer mehr zu wesentlichen Gegenständen des politischen Geschäftes werden (und wobei immer noch verbal in standhafter und naiver Unschuld die sich selbst regulierende Kraft des freien Marktes gefeiert und beschworen wird). Oder nochmals mit Beck: »Wir müssen unseren Lebensunterhalt verdienen, uns in welcher Konkurrenz und auf welchem Markt auch immer in den dort geltenden Verhaltenszwängen behaupten. Die Konsequenzen sind nur allzu greifbar: Mit dem Pauschalhinweis auf den Weltmarkt, mit dem Prinzip der Arbeitsplatzmaximierung – und nicht: durch inhaltliche Demonstrationen des Nutzens – wird die Bundesrepublik verkabelt, medialisiert, werden immer neue Innovationen eingeleitet und umgesetzt. Die Politik des industriellen Fortschritts, die das Gesicht der Erde verändert hat und weiter verändern wird wie keine Revolution zuvor, vollzieht sich als *ungesehene Nebenwirkung des ›business as usual‹* – ohne Plan, ohne politischen Willen und Bewusstsein, ohne demokratische Abstimmungsmöglichkeit. Revolution als latente Folge der Normalität« (Beck 1985, S. 86).

Dies alles leuchtet bei den Themen Groß- und Gentechnologie, Industrie und Umwelt, im Zusammenhang von Ökonomie und Ökologie irgendwie ein. Und nicht zufällig lässt sich die Risikodebatte auch in diesem Kontext lokalisieren. Aber, so bleibt spätestens an dieser Stelle zu fragen: Was ist angesichts dieser Gegenwartsdiagnose mit der ehemals so brisanten »sozialen Frage«, mit den Klassenunterschieden, mit der sozialen Ungleichheit, mit Armut und Verelendung? Ist dies alles verschwunden, erledigt, wird die soziale Frage endgültig durch die ökologische Frage abgelöst, wie dies Beck in den Raum stellt (vgl. Beck 1992), oder bereitet die Soziologie nur einen thematischen Gegenstandswechsel vor, der ihr neue gesellschaftliche Reputation sichert (nachdem die soziale Frage gesellschaftspolitisch an Interesse zu verlieren scheint)? Erleben wir eine Revitalisierung der in *allen* Spielarten der Politik in der Moderne so sträflich ignorierten Folgen der industriellen »*Bearbeitung der Natur* durch die Menschen«, wie Marx dies einst formulierte, weil stattdessen ausschließlich die Frage der »Bearbeitung der Menschen durch die Menschen«, also die soziale Frage, die großen Kontroversen in Politik und Wissenschaft geprägt haben und deshalb auch theoretisch vorrangig bedacht wurden?[1]

Folgt man Beck in seiner Argumentation zur Akzentverlagerung weg von der sozialen Frage, so hat sich die Bundesrepublik zunächst von einer *Mangelgesellschaft* zu einer *Reichtumsgesellschaft* entwickelt (und in diesem Zusammenhang stand auch die soziale Frage im Vordergrund), inzwischen allerdings zu einer Reichtumsgesellschaft, die systematisch die oben beschriebenen Risiken mitproduziert. Infolgedessen stellt sich das Verhältnis von sozialer und ökologischer Frage heute anders dar. So gewinnen die »neuen« Modernisierungsrisiken insbesondere immer dann und dort an Bedeutung, wo »echte materielle Not« objektiv verringert oder »erfolgreich« ausgegrenzt worden ist. Seine diesbezügliche These für die bundesdeutschen Breitengrade ist, dass die *Relationen* sozialer Ungleichheit zwar relativ konstant geblieben sind, insgesamt aber eine *Niveauverschiebung nach oben* erfolgt ist – ein sogenannter Fahrstuhleffekt (»die ›Klassengesellschaft‹ wird *insgesamt* eine Etage höher gefahren«; Beck 1986, S. 122). Dies hat zur Folge, dass die Menschen die Verbesserungen des eigenen Lebensstandards im Generationenvergleich als immerhin so

1 Dass auch theoretisch gehaltvolle und kategorial komplexe Gesellschaftstheorien in ihrer Theoriearchitektur letztlich in der unhinterfragten Gemeinsamkeit ausschließlich intersubjektiv konstruierter Theoriekonzepte verbleiben, zeigt sich beispielsweise auch in der »Theorie des kommunikativen Handelns« von Habermas, wenn er für die nichtsozialen Handlungssituationen mit dem Typus des *instrumentellen* Handelns alternativlos eine allein *erfolg*sorientierte Handlungsorientierung vorsieht. Er kann damit – etwa analog zu den sozialen Handlungssituationen mit der Differenz von strategischem und kommunikativem Handeln – kategorial von vornherein nicht mehr etwa zwischen naturverträglichen und naturzerstörenden Handlungsfolgen unterscheiden. Das heißt, er hat damit bereits theoretisch die Möglichkeit alternativer Handlungsorientierungen auch in den nichtsozialen Handlungssituationen ausgeschlossen und diese lange vernachlässigte Schattenseite des Modernisierungsprozesses theoretisch verdoppelt (vgl. Habermas 1981a, S. 384).

nachhaltig erleben, dass sie sich stückweise aus den Zwängen der Herkunftsmilieus lösen (sozusagen die milieuinternen Absicherungen abstreifen) und in diesem Zuge das verbindende Element eines kollektiven Klassenschicksals und damit auch die *symbolisch-politische* Bedeutung der (alten) sozialen Frage (als nicht nur ihre dringliche Seite) in den Hintergrund gedrängt wird (vgl. Beck 1986, S. 124; Berger/Hradil 1990). Das heißt aber nicht, dass soziale und materielle Ungleichheiten etwa verschwunden wären, Armut somit nicht mehr existiere, sondern »nur«, dass eine *andere* Sorte von Problemen, die in ihrer gesellschaftspolitischen Bewältigung auf der Tagesordnung steht, hinzukommt und immer dann und dort »alte« Themen überlagert, wo diese für einen Großteil befriedet zu sein scheinen (die Ökologiebewegung hat dies beispielsweise deutlich werden lassen).[1]

Diese Annahme einer Gewichts- und Akzentverlagerung deckt sich auch mit Überlegungen anderer Gegenwartsdiagnosen (allerdings nur, soweit sie sich mit hoch entwickelten Industriestaaten beschäftigen), so z.B. mit der These von Habermas, der zufolge die gesellschaftlichen Konfliktlinien nicht mehr *innerhalb* des Systems der *materiellen* Reproduktion, sondern an den Grenzen zwischen System und Lebenswelt verlaufen, mithin Probleme der *symbolischen* Reproduktion an Bedeutung gewinnen (vgl. Habermas 1981b). Oder, umformuliert für den Bereich der Sozialen Arbeit: dass dieser vorrangig mit Problemen von Bildung, Erziehung und Moral (vgl. Münchmeier 1981; Rauschenbach/Treptow 1984) bzw. mit den Problemen der allgemeinen sozialen Lebensführung und -be-

1 Interessanterweise argumentiert Luhmann (1991, S. 59ff.) hier ganz ähnlich wie Beck, wenn er konstatiert, dass neben den historisch wesentlich älteren gesellschaftlichen Regulationsproblemen »Norm« und »Knappheit« nunmehr das Problem »Risiko« hinzukommt (zur Historisierung von Norm- und Knappheitsperspektiven vgl. ebd., S. 140ff.). Zudem geht auch er nicht davon aus, dass diese historisch älteren Themen durch Risikofragen etwa *ersetzt* werden, »dass Normen und Knappheitsregulierungen ihre Bedeutung verlieren. Es kommt nur eine andere Problemform hinzu« (ebd., S. 78; vgl. auch Luhmann 1990, S. 138ff.).

wältigung konfrontiert wird (vgl. Böhnisch/Schefold 1985), während materielle Versorgungsprobleme stärker mithilfe *sozialpolitischer* Interventionsformen reguliert werden (vgl. Kaufmann 1982; Gängler/Rauschenbach 1986), das heißt vielfach – ohne großen Spielraum – rechtlich kodifiziert und formal geregelt sind (also allenfalls der Anspruch einer »gerechten Verteilung«, also einer normativ geleiteten Selektion, noch eine sozialpädagogische Aufgabe bleibt).

So unstrittig demnach das Hinzukommen neuer Problemzusammenhänge auch sein mag, so prekär wäre eine damit einhergehende thematische Unterbelichtung oder gar Ausblendung materieller Not – zumal in Zeiten erneut verknappender Ressourcen an Arbeitsplätzen und Wohnungen. Ansonsten besteht die Gefahr, mit einer Art Zweidrittelmentalität die faktische Spaltung einer »Zweidrittelgesellschaft« in der Theorie gedanklich zu verfestigen, Minderheitenprobleme mit Mehrheitsproblemen (die in Wirklichkeit selbst nur eine fiktive Summe von Minderheitenproblemen sind) zu überdecken und geographisch ausgegrenzte Massenverelendungsphänomene auch theoriearchitektonisch zu marginalisieren. Mit anderen Worten: Diskurse über Individualisierung, Ökologie und Risikogesellschaft – zudem eingeschränkt auf mitteleuropäische Breitengrade – können Diskurse über Armut, materielle Not und Verelendung (auch und gerade im Weltmaßstab) nicht ersetzen, wenn sie sich nicht dem Vorwurf essayistisch vernebelnder Zeitgeistrhetorik aussetzen wollen.

Bilanziert man den substanziellen Ertrag des Konstruktes der Risikogesellschaft, so liegt dessen praktischer Wert zuallererst in der produktiven Verunsicherung altbewährter Denkmuster und Theoriekonstrukte. Es eröffnet eine Blickrichtung, die – in einem theoretischen Sinne noch ungeschützt – Ausblendungen sichtbar, Verwerfungen benennbar und neue Fragestellungen formulierbar macht. Als sich historisch und phänomenologisch plausibilisierende Kategorie kann dieses Konstrukt freilich bislang nicht die theoretische Dignität aufweisen wie andere lang und breit diskutierte und entwickelte soziologische Grundbegriffe. Dies heißt aber umgekehrt noch keineswegs, dass die Unbrauchbarkeit als Kategorie ihrerseits bereits schlüssig nachgewiesen wäre. Weiterführend dürfte in dieser Debatte unterdessen auf jeden Fall das Bemühen sein, den Risikobegriff selbst theoretisch noch genauer zu fassen.[1]

## 2. Soziale Risiken – ein unterbelichteter Befund?

Betrachtet man Wirkung und Folgen der Beckschen Modernisierungsanalyse, so fällt auf, dass der Akzent bislang deutlich auf das thematische Umfeld der Ökologie gelegt worden ist (vgl. etwa Halfmann/Japp 1990; Schüz 1990; Jungermann/Rohrmann/Wiedemann 1991). Und auch Beck selbst legt dafür eine Fährte. So hat er nicht nur thematisch vor allem diesen Strang des Problemzusammenhangs weitergeführt (vgl. Beck 1988), sondern auch die Ausgangsfrage, was ein Risiko zum Risiko macht, sozusagen *ausschließlich ökologisch* beantwortet (vgl. Beck 1986, S. 28ff.).

Die Lesart, die dem gegenüber hier verfolgt werden soll, baut auf einem Zweischritt auf: dass, erstens, der Risikobegriff systematisch weiter gefasst werden muss (also nicht nur auf physikalische, biologische, medizinische oder chemische Sachverhalte einzugrenzen ist) und, zweitens, im Zuge dieser kategorialen Erweiterung dann auch Veränderungen in der sozialen Dimension in Form von sozialen Risiken identifizierbar sind und damit in Bezug auf die Debatte um die Risikogesellschaft anschlussfähig sind.

1 Luhmann hat sogar angesichts des dichten Nebels, den er bei den bislang vorliegenden Begriffsbestimmungen auszumachen glaubt, ernsthafte Schwierigkeiten, auch nur bis zum Kühler zu sehen: »Sucht man nach Bestimmungen des Risikobegriffs, gerät man sofort in dichten Nebel und gewinnt den Eindruck, dass die Sicht nicht weiter reicht als bis zur eigenen Stoßstange« (Luhmann 1991, S. 15).

»Unter *systematischen* Gesichtpunkten muss zunächst die von den Ansätzen des ›risk assessment‹ bis hin zu Beck zu beobachtende, restriktive Verknüpfung von Risiko und Technik aufgelöst werden. Zwar mögen technikinduzierte Risiken der bedeutendste ›Anwendungsfall‹ einer allgemeinen Risikotheorie sein. Aber wie ... Beispiele aus Medizin, Psychologie, Ökonomie und Jurisprudenz zeigen, lässt sich der Begriff des Risikos nicht auf technische Phänomene beschränken. Risiko ist vielmehr als eine bedeutend breitere soziale und kulturelle Konstruktion zu begreifen, die unter soziologischen Perspektiven als spezifischer Typus sozialen Handelns zu beschreiben wäre, nämlich als Handeln unter Bedingungen der Unsicherheit« (Bonß 1991, S. 261). Was Bonß hier unter dem Anspruch einer Weiterentwicklung angesichts der begrifflichen Unschärfen des Risikobegriffes hin zu einem theoretisch gehaltvollen Risikokonzept formuliert, zielt im Kern auf den Grad der Generalisierbarkeit der Kategorie Risiko (ähnlich auch Blanke 1991, S. 280ff.).

Auf diese wissenschaftliche Aufgabe der Einführung hoch generalisierter Begriffskonstruktionen und komplexer Theoriearchitektur hat sich Niklas Luhmann spezialisiert.[1] Und so hat er auch zum Begriff Risiko entsprechende Vorschläge unterbreitet. Dabei schlägt er eine Konstruktion dieses Begriffes vor, die davon ausgeht, dass »in Bezug auf künftige Schäden Unsicherheit besteht« (Luhmann 1991, S. 30).[2] Und immer

1 So konstatiert er für seinen eigenen Anspruch an Theoriearbeit: »Der Flug muss über den Wolken stattfinden, und es ist mit einer ziemlich geschlossenen Wolkendecke zu rechnen. Man muss sich auf die eigenen Instrumente verlassen« (Luhmann 1984, S. 13). Demgegenüber dürfte Beck zu seinen Diagnosen und Befunden wohl eher bei einem Rundflug unterhalb der verschlossenen Wolkendecke gelangt sein, bei dem er weitaus stärker der Faszination und Wirkung der zahlreichen optischen Eindrücke auf der Erde ausgesetzt war – und weniger durch die eigenen Instrumente in den Bann gezogen wurde, auf die Luhmann sich lieber verlässt, da der offenbar außer seinen eigenen(!) Bord- und Steuerungsinstrumenten schon wieder nichts sieht (vgl. Anmerkung auf S. 50).

2 Unklar bleibt hierbei, ob mit der Verwendung des Begriffes »Schaden« auf dem Abstraktionsniveau der Luhmannschen Argumentation der Gedankengang nicht zu konkretistisch angelegt ist. Vielleicht wäre es besser, hier zu-

dann, wenn mögliche Schäden als Folge von Entscheidungen eintreten können, schlägt er vor, von *Risiko* zu sprechen (vom »Risiko der Entscheidung«), während er hiervon *Gefahren* als extern veranlasste, möglicherweise eintretende Schäden unterscheidet. Risiken sind demnach – von ihrem Ende aus betrachtet – Produkte getroffener Entscheidungen, die auf menschliches Handeln zurückweisen (vgl. auch Bechmann 1990, S. 140f.) und in zeitlicher Dimension – in einer näheren oder weiteren Zukunft – nur noch auf der Achse wahrscheinlich/unwahrscheinlich beschrieben werden können.[1] Somit werden auch bei Luhmann – ähnlich wie bei Beck – *Zurechnung* und *Ungewissheit* zu zentralen Bestimmungsmerkmalen der Kategorie Risiko. Allerdings mit der Betonung, dass in der Entscheidung selbst, etwas zu tun oder nicht zu tun, also in ihrer Kontingenz, das Risiko eingelagert ist, weil die Entscheidungsfolgen in einem zukünftigen Ungewissheitshorizont liegen. Diese Unterstellung ist jedoch nur dann sinnvoll zu machen – und damit kommen auch die anderen Bestandteile des Beckschen Risikobegriffs hinzu –, wenn die direkte Wahrnehmbarkeit eindeutiger Folgen und der einfache Gebrauch von Erfahrung ebenso unterbrochen ist (»Entsinnlichung«) wie die kontrollierte Eingrenzbarkeit der möglichen Wirkungen in zeitlicher, räumlicher und personeller Hinsicht (»Entgrenzung«), elementare Eineindeutigkeit also gerade fehlt und an deren Stelle Kontingenz, Möglichkeits- und Wahrscheinlichkeitswissen tritt (»Wissensabhängigkeit«).[2]

Wendet man nunmehr diese allgemeinen Bestimmungsmerkmale – fehlende sinnlich wahrnehmbare Eineindeutigkeit mit Blick auf die möglichen, unerwünschten Folgen bei zu

nächst nur von »nichtintendierten Folgen« zu sprechen, da es um das Risiko von Entscheidungen im Angesicht der Vermeidbarkeit unbeabsichtigter Folgen geht.

1 Zur Definition des Risikobegriffs vgl. auch Japp (1990, S. 34ff.), der Risiken zudem als Produkte selbstreferenziell operierender Sozialsysteme konzipiert und Risiken damit dem System, Gefahren der Umwelt zurechnet.

2 Luhmann selbst verweist ebenfalls auf diese Dimensionen, wenngleich etwas halbherzig (vgl. Luhmann 1991, S. 119f.).

treffenden Entscheidungen – auch auf die soziale Dimension an, so lässt sich zugespitzt formulieren: Viele Anzeichen sprechen dafür, dass wir derzeit nicht nur Beteiligte und Zeugen neuer *ökologischer*, sondern auch *sozialer* Modernisierungsrisiken sind. Dies würde Beck wohl auch problemlos zugestehen, beschreibt er ihre innere Dynamik doch z.T. selbst auf anschauliche Art und Weise (vgl. Beck 1986, S. 121ff.).

Die Dramaturgie der heutigen Gesellschaft verläuft so, dass wir nicht nur auf einem ökologischen Pulverfass sitzen, nicht nur in einem atemberaubenden Tempo ständig neue Errungenschaften von Technik, Wissenschaft und Industrie bewundern können und zugleich ob ihrer möglichen unerwünschten Folgen erschrecken. Oder, mit anderen Worten: Das durch die Komplexitätssteigerung der Subsysteme Wirtschaft und Bürokratie in der Industriegesellschaft hervorgebrachte Risikopotential steht nicht nur in der Gefahr, *ökologisch zu explodieren*, sondern auch *sozial zu implodieren*. Die Freisetzungen aus lebensweltlichen Bezügen, aus den Stabilitäten der Herkunftsmilieus, die immense Ausweitung von Optionen, das immer verflochtener werdende Neben- und Ineinander von erfolgs- und verständigungsorientierten Handlungsmustern lässt soziales Handeln selbst in hohem Maße ungewissheitsbelastet und riskant werden.

Dieser Gedanke ist in seiner Zuspitzung der eigentliche Kern und die zentrale Herausforderung im Anschluss an die Debatten um Risiko und Risikogesellschaft für die Soziale Arbeit. Es geht demnach um die Rekonstruktion der sozialen Seite der Risikogesellschaft, also um jene Sorte von Modernisierungsrisiken, die sich *unmittelbar* auf das soziale Handeln, auf Subjektstrukturen und zwischenmenschliche Interaktionsformen auswirken[1] (und nicht indirekt über Genschäden, toxi-

1 Während der weit gefasste Begriff des sozialen Handelns durch den generellen Zuwachs an Zurechnung auf (eigene) Entscheidungen und durch eine Vermehrung von Kontingenz stärker ungewissheitsbelastet und mithin riskant wird (z.B. durch eine zu treffende Entscheidung, die einen Betrieb in den ökonomischen Ruin treiben könnte; vgl. Bonß 1991; Schüz 1990), geht es in

sche Wirkungen oder Krankheiten), die also direkt auf die gattungsmäßigen Erfordernisse der kulturellen Reproduktion, der sozialen Integration und der Sozialisation zielen[1] – und dies unter den Bedingungen eines sozialen Wandels und einer »Enttraditionalisierung der industriegesellschaftlichen Lebensformen« (Beck 1986, S. 113).

Hierbei lassen sich *zwei Sorten von sozialen Risiken* unterscheiden: die als Begleiterscheinung des »Umbaus« der Industriegesellschaft entstehenden Risiken sowie jene, die erst durch die dadurch möglich gewordenen neuen Optionen und Möglichkeiten sozialen Handelns jeweils neu und aktuell selbst erzeugbar werden.

Zum ersten Typus lassen sich etwa soziale Risiken wie »Beruf und Arbeitsmarkt« zählen, insoweit sich Menschen für einen bestimmten Beruf trotz einer »Erosion der Normalarbeit« entscheiden müssen und trotz eines durch und durch marktabhängigen Arbeitsmarktes, ohne *selbst* die Folgen dieser Entscheidung kontrollieren zu können. Oder als ebenfalls nur schwach beeinflussbare, tendenziell personenunabhängige soziale Risiken: in einer bestimmten Gegend wohnen zu müssen, in der die Mieten nicht mehr bezahlt werden können, einen Beruf ergriffen zu haben, der eine Art Dauerabwesenheit von der Familie oder den Wechsel des Lebensmittelpunktes und damit soziale Kosten erfordert, eine Ausbildung ge-

dem hier anstehenden Kontext vornehmlich um jene Sorte von sozialen Handlungen, die in ihren Folgen direkt (andere) soziale Handlungen beeinflussen (z.B. im Sinne der möglichen Folgen einer Trennung von Ehepartnern auf die Kinder). Mit anderen Worten: Nicht die sozialen Folgen der Interaktionen »Mensch – Natur« oder »Mensch – Maschine« (vgl. Hennen 1991), sondern die sozialen Risiken in den Interaktionen »Mensch – Mensch« stehen im Mittelpunkt der Betrachtung.

1 Es wäre zu prüfen, ob im Kontext der sozialen Risiken nicht die kategoriale Differenz, wie sie Habermas eingeführt hat, weiterhilft: Risiken der *kulturellen Reproduktion* (z.B. »veraltetes« Wissen erworben zu haben), der *sozialen Integration* (etwa durch den Verlust der sozialintegrierenden Milieus) oder der *Sozialisation* (Diskontinuitäten der primären Sozialisationsinstanzen). Zumindest liegt die Vermutung nahe, dass pädagogische und soziale Institutionen als öffentliche Dienstleistungssysteme gerade hierfür in die Gesellschaft implementiert worden sind.

macht zu haben, die keine Gewähr einer Beschäftigungsperspektive und beruflichen Identität bietet etc.[1]

Ungleich stärker dem *eigenen* sozialen Handeln zurechenbar sind unterdessen jene Entscheidungen, die im Wissen um Kontingenz selbst getroffen werden. So ist etwa die Entscheidung, mit einem bestimmten Partner zusammenzuleben, in ihren Folgen ebenso ungewiss wie die Folgen der Entscheidung für einen bestimmten Beruf. Die Vielfalt der Optionen als neu gewonnener Freiheit wird hierbei zugleich zu einem »Wagnis« (vgl. Schüz 1990) ob der ungewissen Folgen.

Unterhalb dieser Binnendifferenzierung lassen sich die Dimensionen sozialer Risiken indes wie folgt umschreiben: Die Menschen leben in zwischenmenschlich belasteten Verhältnissen, in riskanten Beziehungen, erleben Anonymität, Diskontinuität und Isolation, experimentieren sozusagen mit sich selbst, riskieren psychosoziale Grenzerfahrungen, ohne zu wissen, was daraus wird. Gewissheit, Kontinuität und Vertrauen ohne Vorbehalt als Basis und Bestandteil stabiler Interaktionsbeziehungen sinken – *ohne* zu wissen, wie viel diesbezüglichen Substanzverlust Personen auf Dauer unbeschadet aushalten (vgl. hierzu auch Habermas 1983). Sinnkrisen, Orientierungsverlust, Ausstieg in die Innerlichkeit oder Flucht in neue Lebensphilosophie, existenziell bedrohende Lebenskrisen, extensiver, Lebensressourcen zerstörender Rauschmittelgenuss, Depressionen, Trauer, Schmerz, quälende Ungewissheiten – alles Phänomene, die sich unschwer auf einer Skala psychosozialer Modernisierungsrisiken verbuchen lassen. *Normalität*, so könnte man zugespitzt formulieren, pluralisiert sich – und zwar so lange, bis sie als durchschnittlicher Orientierungsmaßstab, an dem man glaubt, sich anlehnen zu können, von dem man sich aber auch stilisiert absetzen kann, von selbst ver-

1 Unterstellt ist bei diesen Beispielen jeweils, dass zum Zeitpunkt der Entscheidung nicht alle Optionen bekannt waren (die Betroffenen sich deshalb im Nachhinein »betrogen« fühlen), obgleich diese Beispiele zeigen, dass man (mögliche) Wirkungen auch bis zu einem gewissen Grad »wissen« kann (Wissensabhängigkeit).

schwindet: Die ganz alltägliche Lebensbewältigung und die ganz normale Lebensführung wird so zu einer eigenen, ungewissheitsbelasteten, riskanten Aufgabe.[1]

Denn die bislang hierfür vorhandenen stabilitätsgenerierenden Standardisierungen und Anschlussstellen schwinden, verlieren ihre Normierungskraft, werden dysfunktional: Seien es die (Herkunfts-)Milieus als Lieferanten tradierter Lebensstile, sei es die Familie als intergenerativer Stabilisator zur Vermittlung innerfamilial erprobter und vorgelebter psychosozialer Lebensformen, seien es die geronnenen Kontinuitäten im Beruf und in der Arbeit als wegweisende soziale Integrationsinstanzen und Leitfäden individueller Lebensführung. Das Leben und die Lebensmöglichkeiten jedes Einzelnen werden so selbst zu einem Wagnis, zu einem Risiko, zu einem Projekt mit offenem Ausgang. Und da die bislang vorhandenen Stabilisatoren in ihrer Bedeutung eher schwächer werden, nehmen auch die Risiken des (vorübergehenden) Scheiterns, der falschen Lebensplanung und die Folgen von Nichtentscheidung zu.

»Vieles, was früher im Laufe des Lebens sich mehr oder weniger von selbst ergab, wird jetzt als Entscheidung verlangt – und dies vor einem größeren Hintergrund von Auswahlmöglichkeiten und deshalb mit höheren Informationswerten« (Luhmann 1991, S. 52). Diese neue Lage erfordert ein ungleich höheres Maß an (Möglichkeits-)Wissen über soziale Zusammenhänge, über mögliche Wirkungen und Folgen psychosozial belastender Lebenslagen. Und dass hierbei Erziehung und Soziale Arbeit geradezu prototypische Formen eines dauerhaft riskanten, weil ungewissheitsbelasteten, wissensabhängigen, nicht eingrenzbaren sozialen Handelns darstellen, verweist auf den Zusammenhang von Sozialer Arbeit, Erziehung und Risikogesellschaft.

1 Um dies nochmals zu illustrieren: Wir haben uns daran gewöhnt, dass wir immer wieder vor Gesundheitsrisiken gewarnt werden: Rauchen, Ernährung, Alkohol, Röntgenstrahlen usw. Es fällt unterdessen auf, dass eine analoge öffentliche Diskussion über mögliche *soziale* Risiken so gut wie nicht existiert.

## 3. Individualisierung als Modus der Lebensführung in der Risikogesellschaft

*Individualisierung* ist der Schlüsselbegriff, mit dem versucht wird, die Personendynamik, den Wandel der Beziehungsstruktur der Menschen untereinander und ihre Rückbindung an das soziale Beziehungsgefüge in der sich wandelnden Moderne zu kennzeichnen: Individualisierung als Produkt der Risikogesellschaft, als Komplementärbegriff auf der Ebene des Subjekts. Doch spätestens seit Mitte der Achtzigerjahre hat dieser Begriff ein Ausmaß an Verbreitung gefunden, das er wissenschaftlich kaum unbeschadet überstehen kann. Unklar bleibt, worauf die Diagnose einer zunehmenden Individualisierung denn überhaupt zielt. Sind die Menschen via Individualisierung auf dem Weg, das Projekt der Aufklärung endgültig zu vollenden, also, wie Kant einst das Programm hierfür formuliert hat, »Subjekt der Geschichte« zu werden? Heißt demnach Individualisierung, dass sich die Einzelnen endlich aus den gedanklichen Fesseln, aus den ideologischen Bewahranstalten und aus den vorgegebenen kollektiven Abhängigkeiten lösen können und nur noch sich selbst unterliegen? Ist Individualisierung die Hoffnungsmetapher für die Freiheit des Einzelnen, selbst zu wählen und zu entscheiden? Meint das Individualisierung? Oder wurde das Projekt der Aufklärung nicht vielmehr längst in seinen eigenen Fallstricken, in der »Dialektik der Aufklärung«, pervertiert im bloßen Schein individueller Gestaltbarkeit des Lebens bei immer stärkerer äußerer Regulation, bei »gelenktem Konsum« und unentrinnbarer Standardisierung hinter dem Rücken der Subjekte? Zielt Individualisierung somit letztlich nicht auch auf den unumkehrbaren Prozess der Vereinzelung und der Vereinsamung, der Isolation sowie den Zwang zur Selbstregulation und Selbstsozialisation?

Wenn derartige Überlegungen tendenziell richtig sind, so stellt sich die Frage, was dann am Konzept der Individualisierung neu wäre. Hat nicht bereits etwa Marx auf die *doppelte*

Freisetzung des Subjekts aus den Abhängigkeiten der ständischen Gesellschaft in die neuen, *marktvermittelten* Existenzformen hingewiesen, als »freier« Lohnarbeiter einerseits und als »autonomes« bürgerliches Individuum andererseits? Meint Individualisierung mithin nur die Zuspitzung, gewissermaßen nur die verallgemeinerte Durchsetzung dieses Befundes? Oder, auch dies ist keineswegs von der Hand zu weisen: Ist Individualisierung nicht vielmehr die programmatische Formel für eine sich nunmehr individuell durchsetzende Liason von Moral und Nützlichkeit im diskreten Charme der wissenschaftlichen Unschuld? Fragen dieser Art müssen im Kontext der Debatte um Individualisierung (und ihrer gesellschaftlichen Bedeutung) verhandelt werden. Hier nur drei Anmerkungen.

(1) Die gegenwärtigen Modernisierungsprozesse können auf der sozialen Ebene als ein Verlust an kollektiver Orientierung umschrieben werden, als Freisetzung aus den Abhängigkeiten »ständischer Gesellschaften«, als eine »Enttraditionalisierung« der individuellen Lebensführung. Individualisierung markiert insofern einen Vorgang, »in dem die Menschen aus dem Nest der sie leitenden und bindenden Traditionen, aus den Schranken und Sicherheiten der Klassenkulturen und der Herkunftsmilieus herausfallen – ›freigesetzt‹ werden, wie Marx dies nannte – und mit sich selbst als Dreh- und Angelpunkt der eigenen Lebensführung konfrontiert werden« (Beck 1985, S. 88).

Dabei geht es allerdings nicht nur um eine graduelle Veränderung von subjektiven Werten oder eine geringfügige Erhöhung von Möglichkeitshorizonten, sondern um einen »neuen Modus der Vergesellschaftung«. Die Einzelnen selbst werden als Konsumenten, Staatsbürger und Klienten, als Arbeitnehmer wie als Entscheidungsinstanz über die Gestaltung ihrer Freizeit ungleich *direkter* und ungeschützter mit den Anforderungen, Mechanismen, Möglichkeiten und Zwängen der Gesellschaft konfrontiert. Es entsteht ein neues, *unmittelbares*

Verhältnis von Individuum und Gesellschaft. Dies erfordert neue individuelle Selbstbehauptungsressourcen, eröffnet aber auch erweiterte Möglichkeitsspielräume: In einer x-beliebigen Vielzahl von Kombinationen und Konstellationen – ähnlich dem Lotto – basteln die Menschen ihre eigenen Entwürfe, werden zum »Planungsbüro« ihrer eigenen Lebensführung. »Der oder die Einzelne selbst wird zur lebensweltlichen Reproduktionseinheit des Sozialen«, so Beck (1986, S. 209).

Individualisierung umschreibt somit eine Entwicklung, in der die Menschen nicht nur den Anspruch, sondern auch die Möglichkeit entdecken, »ein Stück eigenes Leben« zu gestalten. Individualisierung wird so zu einer Erweiterung des Möglichkeitshorizontes zu leben, wo man will, wie man will, mit wem man will. Es entsteht eine Selbstgestaltungsvielfalt von zwischenmenschlichen Lebens-, Wohn- und Beziehungsformen bislang unbekannten Ausmaßes: Nicht mehr die Ausbildung zu haben, die der Vater hatte, nicht mehr dort zu arbeiten, wo er arbeitete, nicht mehr das Schicksal vor sich zu haben, das die Mutter in ihrem Hausfrauendasein hatte, nicht mehr dort zu wohnen, wo man aufgewachsen ist, nicht mehr in den informellen Netzen und Milieus leben zu müssen, in denen die Eltern gelebt haben, nicht mehr das machen zu müssen, was die Eltern machten und wollten – darin liegen die erhöhten Freiheitsgrade der Individualisierung für die eigene Lebensgestaltung. Das heißt, die Menschen scheinen sich endlich selbst zu realisieren, können zu Managern und Planern ihres eigenen Lebens werden wie keine Menschheitsgeneration zuvor (zu den Ambivalenzen vgl. auch Keupp 1992). Allerdings unter zwei einschränkenden Bedingungen: Sie können dies, erstens, nur bei nach wie vor gegebenen ungleichen äußeren Abhängigkeiten und Bedingungen, also bei ungleich verteilten materiellen und sozialen Ressourcen; und sie sind, zweitens, dieser neuen Lage noch relativ ungeschützt und unvorbereitet ausgesetzt, sind sozusagen noch mit ihr selbst allein.

Diese Enttraditionalisierung hat unterdessen nicht nur zur Folge, dass der Einzelne beispielsweise nicht mehr problemlos auf die Erfahrungszusammenhänge seiner Eltern zurückgreifen kann. Hinzu kommt vielmehr auch der Verlust der *lebensweltlichen Öffentlichkeiten* sozusagen als Weltbildproduzenten, also der Bedeutungsrückgang von Verwandtschaft, Nachbarschaft, Gemeinde, Kirche, Betrieb und Partei als intergenerative, diachrone Anschlussstellen in Bezug auf das (sub)kulturelle Erbe. Die vorgebahnten Lebenswege und ideologischen Einheiten lösen sich folglich ebenfalls auf, die Sicherheit alter Bindungen und subkulturell vorgefertigter Meinungen, Stile und Lebensgewohnheiten schwindet. »Wie man Kinder erzieht, welchem Glauben man anhängt oder was man für gut oder böse ansieht, ist zu einem Problem der individuellen Lebensführung geworden. Die Gesellschaft stellt dafür kaum noch verbindliche Orientierungen zur Verfügung« (Bechmann 1990, S. 123). Die Menschen bringen das infolgedessen ungefiltert auf sie Einströmende in ihren Köpfen und ihrem Handeln nicht mehr zusammen (da es in den Milieus nicht mehr »vorsortiert«, bewertet und aussortiert wird), blicken in der rasant zunehmenden Flut von Information nicht mehr durch. Infolgedessen lösen sich die letzten Reste ideologischer Gehäuse auf, und das Alltagsdenken und -bewusstsein zersplittert in tausend Einzelteile und wird so zu dem, was Habermas als *»fragmentiertes Alltagsbewusstsein«* gekennzeichnet hat (vgl. Habermas 1981b, S. 521 ff.), eine Form des Bewusstseins, die getragen wird von Widersprüchen, Ungereimtheiten und Ungleichzeitigkeiten, die ihrerseits selbst nicht mehr wahrgenommen werden bzw. durch keine funktionierenden ideologischen Verflechtungen mehr abgefangen und gegebenenfalls sortiert werden (vgl. Leithäuser 1976).

(2) Individualisierung kann somit, dies dürfte deutlich sein, keinesfalls gleichgesetzt werden mit dem romantisch-bürgerlichen Ideal der *Einmaligkeit* und *Einzigartigkeit*. Denn diese »neuen« Individuallagen gehen gleichzeitig einher mit neuen Formen vergesellschafteter Standardisierung. »Die entstehenden Individuallagen sind durch und durch *(arbeits)marktab-*

*hängig.* Sie sind sozusagen die Perfektionierung der Marktabhängigkeit bis in alle Fasern der Existenz(sicherung) hinein ... Sie entstehen in der durchgesetzten Markt- und Arbeitsmarktgesellschaft« (Beck 1986, S. 210). An die Stelle traditioneller Bindungen und Sozialformen treten nunmehr *sekundäre* Institutionen und Instanzen, die standardisieren, Orientierung verleihen, prägen und kontrollieren: Sei es etwa das »Leben aus zweiter Hand« mit der vermeintlich großen »Freiheit« einer Programmauswahl zwischen Volksmusikhitparade und einem Bud-Spencer-Film, mit der »freien« Auswahl zwischen den Kleiderstangen bei Kaufhof und C & A bzw., einige Etagen höher, zwischen Boss und Lacoste, mit der »individuell« entscheidbaren Urlaubsromatik zwischen Kanarischen Inseln und der Karibik, zwischen Sylt und Toskana.

Diese unhintergehbare (Definitions-)Macht von Trends, Moden und Konsumangeboten schafft, um in einem Bild zu bleiben, sozusagen unerbittlich und alternativlos den Zwang zur Auswahl der *vorgefertigten* Menüs oder, genauer: der individuell kombinierbaren Menüzutaten aus der Tiefkühltruhe, in denen die Einzelnen immer noch ihre persönliche Note auszuwählen versuchen, während diese individuelle Wahl längst zu einer Massenwahl, zu einem Massenschicksal geworden ist: Bewusstseinsformen, Lebensstil, Habitus im vorgefertigten Modul- und Baukastensystem, als Blackboxes der Lebensführung. Oder, in einem Bild von Beck mit Blick auf die »gleichschaltende« bewusstseinsmäßige Medialisierung des Lebens: »Man trifft sich sozusagen am Abend weltweit und schichtübergreifend am *Dorfplatz des Fernsehens* und konsumiert die Nachrichten« (Beck 1986, S. 213).

In welcher konzeptualisierbaren Art und Weise werden nun die gesellschaftlich zur Verfügung gestellten Absicherungen im Prozess der Individualisierung an den Einzelnen herangetragen? Welche Strukturmuster prägen, präformieren die Lebensführung dann, wenn nicht die segmentäre kollektive Zugehörigkeit zu Milieus, die Rückbindung an lebensweltliche Gemeinschaften? Die derzeit hierauf gegebene Antwort lautet: die Standardisierung des Lebenslaufs, der *standardisierte Lebenslauf* (vgl. etwa Kohli 1985, 1986). Die Lebensführung wird demnach nicht mehr so sehr in der Horizontalen, im *Nebeneinander* unterschiedlich vorgefertigter Gruppenzugehörigkeiten, entschieden, sondern in der Vertikalen, im *zeitlichen Nacheinander* des individuellen Lebenslaufs, das heißt in den Bahnen der eigenen Biographie.[1]

»Lebenslauf als Institution ist *eine* der Antworten auf die Frage nach der Möglichkeit gesellschaftlicher Ordnung zwischen Autonomie und Anomie« (Weymann 1988, S. 6). Der standardisierte Lebenslauf hat dabei sowohl eine normativ regulierende Funktion für die Menschen selbst (z.B. Schuleintritt, Volljährigkeit, Rentenalter), als auch eine Bedeutung für die Modalitäten des (direkten) Aufeinanderprallens von Person und Gesellschaft (etwa als eigene, altersabhängige Konsumentengruppen). Nicht zuletzt deshalb erfreut sich diese neue Perspektive des Lebenslaufs und der Biographie zunehmender Beliebtheit in Pädagogik und Sozialwissenschaft: Der standardisierte Lebenslauf wird so nicht nur zur Richtschnur der eigenen persönlichen Lebensgestaltung, sondern auch zu dem dünnen roten Faden wissenschaftlicher Bearbeitung des gesellschaftlichen Wandels in seinen Auswirkungen auf die Individuen.

(3) So gesehen bedeutet Individualisierung zugleich Freiheits*gewinn* und Freiheits*verlust*, wachsende Freiheit und wachsende Bindungslosigkeit. Neue Freiheiten werden mit neuen Zwängen erkauft, Individualisierung wird zu einem neuartigen

1 Diese *vertikale* Sequenzialisierung des Lebens bedeutet allerdings nicht, dass die *horizontalen* Rückbindungen völlig verschwinden, sondern eher, dass diese *im Rahmen* der einzelnen Phasen des Lebenslaufes als gleichsam temporalisierte, befristete Sequenzialisierungen wiederum hohe Bedeutung erlangen können (als Beziehungen und Referenzen innerhalb eines bestimmten Lebensabschnitts). Demnach reduziert sich vor allem die Wahrscheinlichkeit der lebensabschnittsüberdauernden Kontinuität von sozialen Handlungseinheiten. Oder theoretisch: Während bislang die horizontalen Sequenzialisierungen die vertikalen überlagert haben, scheint sich dieses Verhältnis nunmehr umzukehren.

Risikospiel mit Gewinn- und Verlustchancen. Die Formulierung »Wir sind zur Freiheit verdammt« kennzeichnet diese Ambivalenz der Individualisierung zwischen Autonomie und Anomie treffend.

»Riskante Chancen« nennt Heiner Keupp diese Doppelbödigkeit, diese neue Qualität der individuellen Lebenshorizonte, die weder bloße Hoffnungslosigkeit mit sich bringen noch blankes Glück verheißen können (vgl. Keupp 1989). Unverkennbar aber ist, dass andere Anforderungen an die Subjektstrukturen gestellt und zumindest temporäre Symptome subjektiver Überforderung zu gewöhnlichen psychosozialen Begleiterscheinungen bei der Modernisierung der Lebensführung werden.

Bereits heute sind in diesem Zusammenhang neue Anforderungen an die psychosozialen Bewältigungsstrategien der einzelnen Subjekte erkennbar. *Identität* als Balance, also »zu sein wie jeder andere und zu sein wie kein anderer«, wie das die Interaktionisten zugespitzt auf den Punkt gebracht haben (vgl. Krappmann 1969, S. 78ff.; Mollenhauer 1972, S. 104), oder Identität als »das bewusste Gefühl der unmittelbaren Wahrnehmung der eigenen Gleichheit und Kontinuität in der Zeit«, das heißt im eigenen Lebenslauf, wie das noch Erikson (1966, S. 18) unspektakulär als durchschnittlichen Maßstab psychosozialer Entwicklung formuliert hat, wird erneut zu einem Thema. Denn: Identität wird riskant als Koordinatensystem der eigenen Befindlichkeit mit der – nunmehr weniger geschützten – Einflugschneise gebündelter gesellschaftlicher Zwänge und Konventionen auf das einzelne Individuum. Der standardisierte Lebenslauf wird so zu einem Gradmesser sozialer Risikolagen. Und eine gelungene Herstellung von Identität könnte mehr denn je zu einem konkreten Fluchtpunkt in der psychosozialen Grundversorgung der Menschen werden (vgl. dazu Keupp 1992).

Indessen: Die Widersprüche, das gesellschafliche Aufeinanderprallen von sich wechselseitig ausschließenden Handlungsmaximen *in* den Individuen, *in* den eigenen Lebensentwürfen

– für sich selbst *und* für die Kinder leben zu wollen, Beruf *und* Familie, Autonomie *und* Intimität haben zu wollen, Nähe *und* Distanz, Freiheit *und* Geborgenheit zu suchen, erfolgs- *und* konsensorientiert handeln zu müssen –, derartige Paradoxien können zu Gefährdungspotentialen und Risikolagen im *Innenleben* der Menschen werden und soziale und psychische Destabilisierungen hervorrufen, erfordern aber in jedem Fall neu angepasste, psychosoziale Bewältigungsstrukturen. Mit anderen Worten: Die gegebenen Widersprüche von »multiplen Realitäten«, also von sich fundamental widersprechenden Realitätsanforderungen, nötigen auch zu einer »multiplen Identität« bzw. »Patchwork-Identität« (vgl. Keupp 1989), einer aus Einzelstücken zusammengesetzten, keineswegs harmonischen Identität.

Sie erfordern, in einer anderen Terminologie, das Identitätsmuster einer »kontrollierten Schizophrenie« und einer »Krisenidentität« (vgl. Thiersch 1986, S. 195). In dieser gesellschaftlichen Lage wächst dem Erziehungssystem deutlicher als zuvor die thematische Aufgabe zu, Subjektstrukturen unter widersprüchlichen, riskanten und ungewissen Kontext- und Zukunftsbedingungen möglichst problemlos mit hervorzubringen und, sofern hierbei subjektive oder intersubjektive Krisen, also erhöhte Ungewissheitsbedingungen, auftreten, diese gegebenenfalls sekundär abzumildern.

## 4. Soziale Arbeit als Produkt und Produzent von Modernisierungsrisiken

Das Soziale ist out. Daran führt kein Weg vorbei. Das Modethema der späten Sechziger- und der Siebzigerjahre, das auf den Wogen des prosperierenden Sozialstaates und einer sozialliberalen Koalition an die Strände einer thematisierungswilligen Öffentlichkeit gespült wurde, ist zu einem Ladenhüter, zu einem nervigen Thema geworden. Die stimmungsmäßige Hochkonjunktur des Sozialen ist längst vorüber: »Man kann es nicht mehr hören.« Das Soziale ist somit in die Defensive geraten, hat seine öffentliche Akzeptanz eingebüßt und ist von einem rapiden Kursverfall bedroht.

Aber: Ist mit diesem öffentlichen Meinungsabschwung auch schon das Soziale in seiner konkreten Gestalt am Ende? Verflüssigt sich also das Soziale tatsächlich in den realen Lebensverhältnissen, oder rutscht es nur unter die Aufmerksamkeitsschwelle der publizistischen und wissenschaftlichen Meinungsmacher? Könnte es sein, dass wir eher Zeugen eines gesellschaftlichen Tabuisierungsversuches sind, der besagt, nicht mehr so genau auf die Wunden, Brüche und Schattenseiten dieser Lebensverhältnisse, auf die Verlierer zu schauen, sondern soziale Probleme in einem großen, stillschweigenden Konsens, einer Art »Zweidrittelmentalität« von der Tagesordnung zu nehmen, sie zu »entsinnlichen« und ihnen stattdessen ersatzweise in ausgrenzenden Ghettos zu helfen? Ist es also nicht vielmehr so, dass zwar das Soziale als öffentliches Thema, nicht jedoch als gesellschaftlich relevantes Problem zurückgedrängt wurde?

### *4.1 Der Abschied vom Sozialen oder: von der »informellen« zur »inszenierten« Solidarität*

Die bisherigen Ausführungen haben deutlich genacht, dass auf die Menschen in der »industriellen Risikogesellschaft« neue Herausforderungen zukommen, indem sich diese Gesellschaft wandelt und dabei Gefährdungslagen des unumkehrbaren Verlustes ihrer alten Stabilitäten ebenso in Kauf nimmt wie sie Risiken ungewisser Folgeprobleme von Entscheidungen selbst produziert. Aber dennoch ist sie zugleich – und das mehr denn je – fundamental auf »allseits flexible und zuverlässige Persönlichkeiten« angewiesen (denn menschliches Versagen wird in immer mehr Fällen immer verheerender in seinen Folgen). Sie muss demnach alternativlos auf zurechnungsfähige und unabhängige Subjekte setzen und diesen insofern konsequent persönliche Optionen und Entscheidungsmöglichkeiten eröffnen, sie also »individualisieren« und »vereinzeln«, sprich: Bindungen auflösen und abschwächen, sozusagen die Tore zur Freiheit öffnen und in der so neu zugemuteten Unabhängigkeit andere Maßstäbe, Regulatoren und eingeschränkte Wahlmöglichkeiten bereitstellen, die ihrerseits, wie wir gesehen haben, auf der Ebene des Subjektes mit neuen Formen einer Standardisierung des Lebenslaufs und einer neuen »Patchwork-Identität« beantwortet werden. Individualisierung wird somit zu einem scheinbar funktionalen, subjektzentrierten Muster der Modernisierung in einer industriell-marktförmigen Risikogesellschaft. Was aber, so bleibt dann zu fragen, geschieht in dieser Situation mit dem Sozialen, der sozialen Frage, den sozialen Diensten?

Zugespitzt formuliert: Das Soziale verschwindet in seiner alten Form und wird in neuer Form wieder hervorgebracht. Was heißt das? Hierzu ist es sinnvoll, drei Ebenen in der Erbringung sozialer Dienste zu unterscheiden: die privat-lebensweltliche Form (im sozialen Nahraum), die Sozialpolitik (via Geld und Recht) sowie die personenbezogenen sozialen Dienste (z.B. in Form von Sozialer Arbeit und öffentlicher Erziehung). Vor diesem Hintergrund lässt sich die These formulieren, dass die privat-lebensweltlichen Formen tendenziell immer mehr abnehmen bzw. durch soziale und pädagogische Dienste immer mehr ergänzt werden. Mit anderen Worten: Wir müssen wohl endgültig Abschied nehmen von der Hoffnung einer Regulation des Sozialen durch die privaten, stillen und barmherzigen Samariter (die im wirklichen Leben jedoch zumeist Frauen waren), die dieser Welt uneigennützig und hilfsbereit durch ihr Tun den Spiegel der Verkommenheit vorhalten, gleichwohl Gutes bewirken und damit ein Gefühl der dankbaren Entlastung hinterlassen, kurz: die Mitmenschlichkeit massenhaft, informell, freiwillig, verbindlich und vor allem unentgeltlich in den eigenen vier Wänden oder nach Feierabend praktizieren. Und wir können auch beobachten, dass die großen und symbolträchtigen, scheinbar naturwüchsigen Formen solidarischer Kämpfe um Arbeit, Lohn und Brot (für

»alle«) sich immer deutlicher in die Nischen von partikularen Gruppen- und Eigeninteressen verlagern. Die Quellen der naturwüchsigen Hilfsbereitschaft, der uneigennützigen Solidarität, des Sozialen als wesentlichen Lebensmerkmals und selbstverständlichen Bestandteils für eine mehr oder minder große Zahl von Menschen versiegen in den diametral entgegengesetzten Erfordernissen und Eigengesetzlichkeiten moderner Lebensbewältigung, also des Sichbehauptens, des Kalkulierens, der Konkurrenz sowie des Zwanges, die eigenen Interessen selbst vertreten zu müssen.

Der Abschied von derartigen Formen des Sozialen ist indessen kein vorrangiges Problem einer verkommenen Moral der Menschen (es wäre ohnehin zu prüfen, inwieweit in früheren Epochen tatsächlich Barmherzigkeit, Güte, Mitleid und Solidarität auf *breiter* »informeller« Ebene vorhanden waren und sichergestellt werden konnten). Er ist vielmehr das *Ergebnis* des Zerfalls und der Erosion von gewachsenen Lebenszusammenhängen und geteilten Lebenserfahrungen, von lokalen Gemeinschaften wie von Wertgemeinschaften, von verwandtschaftlichen Beziehungsnetzen genauso wie von Netzwerken des sozialen Nahraumes (also Nachbarn und guten Bekannten), kurz: ein Produkt des relativen Bedeutungsverlustes der naturwüchsig-informellen Formen des Helfens, also der *primären, lebensweltlichen sozialen Bedarfsausgleichsysteme*. Die generationsübergreifenden lokalen Strukturen des dörflichen Gemeinwesens oder des Stadtteils, die traditionelle Zugehörigkeit zu vergleichsweise stabilen und homogenen Milieus, etwa zu Vereinen, Parteien, Gewerkschaften oder Kirchen, ja selbst die präskriptiven Ressourcen einer im Verwandtschaftssystem rückgebundenen Familie werden im Zeichen der räumlichen Mobilität und der gewandelten Wohnformen ebenso wie im Zeichen sozialer und zeitlicher Flexibilität sowie der Pluralisierung von Beziehungsformen und Beziehungsintensität entscheidend geschwächt: Den naturwüchsigen Solidaritätsformen von Verwandtschaft und Gemeinwesen wird gewissermaßen der Boden unter den Füßen weggezogen.

Hinzu kommt – als die markanteste Entwicklung vor allem der letzten Jahre – eine langsam beginnende Auflösung und Diffusion der (historisch verfestigten) Geschlechterdisparität, etwa der geschlechtsspezifischen Arbeitsteilung auf dem Rücken der Frauen, die als stillschweigende Voraussetzung für den Prozess der industriellen Modernisierung lebenswichtig war: die private, individuelle, selbstverständliche und kostenlose familieninterne Reproduktion des Sozialen etwa im Rahmen von Kindererziehung und Hausarbeit oder in der Versorgung von kranken, behinderten oder versorgungsbedürftigen älteren Familienangehörigen durch die Frauen einerseits (vgl. Kontos/Walser 1979) sowie die Aufrechterhaltung der informellen Hilfe und des Sozialen durch die Nutzung des »*Daseins für alle*« (vgl. Beck/Gernsheim 1983) von Frauen in den Formen des sozialen Ehrenamtes andererseits (vgl. Backes 1987; Müller/Rauschenbach 1988).

Wenn die Selbstversorgungskräfte und -möglichkeiten der kleiner werdenden Haushaltseinheiten nicht nur in materieller, sondern auch in sozialer und psychischer Hinsicht schrumpfen, wenn zudem auch die darum herum angelegten sozialen Milieus nicht mehr reibungslos funktionieren bzw. unangekündigt außer Betrieb genommen werden, dann schwinden entweder die Ressource Solidarität und das »Sozialkapital« (Bourdieu) aus der Sphäre der Zwischenmenschlichkeit, oder aber etwas Neues muss eigens *hergestellt* werden, um an dessen Stelle zu treten. Und genau hierin liegt die gesellschaftliche Bedeutung im Prozess der Modernisierung von Sozialer Arbeit und öffentlicher Erziehung: Als eine neue Form »inszenierter Gemeinschaften« (vgl. Puch 1988) sind sie Teil einer öffentlichen, hergestellen Ressource des »Sozialen«.[1] In diesem Sinne sind Soziale Arbeit und öffentli-

1 »Inszenierte Gemeinschaften« sollen hier alle eigens hergestellten, einen bestimmten Zeitraum überdauernden Sozialkontakte umfassen, insofern ihr Zustandekommen – zumindest anfänglich – *Folge* eines Zweckes ist (z.B. Schulklasse). Im Gegensatz hierzu lassen sich lebensweltlich-naturwüchsige, »private« Beziehungsmuster dadurch charakterisieren, dass hier (anderweitig

che Erziehung zentrale Instrumente zur Erbringung und Sicherstellung personenbezogener sozialer Dienste in Form einer sekundären Institutionalisierung, gewissermaßen eine Antwort zweiter Ordnung auf soziale Fragen zweiten Grades.

In diesem Kontext sind Pädagog/innen, Sozialpädagog/innen und Sozialarbeiter/innen als »berufsmäßige Erzieher/innen« unterdessen jedoch nicht nur Beobachter/innen, sondern selbst als Akteure eines ausdifferenzierten Sozial- und Erziehungssystems direkte Teilnehmer/innen und Produzent/innen einer »inszenierten Solidarität«, sozusagen personifizierte Gradmesser einer Transformation des »Sozialen« in sekundäre Institutionen. Nimmt man infolgedessen die *quantitative* Entwicklung der Sozial- und Erziehungsberufe zum Maßstab dieser gesellschaftlichen Transformation des Sozialen von privaten in öffentliche Formen, so zeigt sich hier ein deutlicher und kontinuierlicher Trend: Demnach sind wir Zeitzeugen einer gewaltigen und kontinuierlichen Expansion der öffentlichen Erziehung und der sozialen Dienste (vgl. dazu ausführlich Rauschenbach 1992). Ganz zweifelsohne lässt sich beispielsweise für die Bundesrepublik sagen, dass sich beruflich noch nie so viele Menschen mit pädagogischen und sozialen Belangen befasst haben, dass in der Summe noch nie so viel Zeit und Energie für soziale Aufgaben im weitesten Sinne aufgebracht wurden wie heute, insbesondere in den letzten 20 Jahren (gemessen an der Gesamtzahl aller gesellschaftlich aufgebrachten Arbeit einer Epoche). Wohlgemerkt: nicht privat, sondern von Berufs wegen.[1] Und noch nie wurde in der Bundesrepublik für

zustande gekommene) Beziehungen und Sozialkontakte *Voraussetzung* für das mögliche Zustandekommen einer gemeinsamen Bearbeitung von Zwecken ist (z.B. Nachbarschaftshilfe). In *dieser* Hinsicht würden sich z.B. Selbsthilfegruppen als zweckgebunden organisierte Gruppen in der Regel von beruflich organisierter Sozialer Arbeit nicht unterscheiden.

1 Nur zur Illustration der entsprechenden Größenordnungen: Die Erwerbstätigen in der Berufsgruppe der »sozialpflegerischen Berufe« (Berufskennziffer »86«) haben sich allein zwischen 1970 und 1987 von 155.000 auf 410.000 erhöht (und liegen 1990 bei rund 500.000). Der etwas größer geschnittene Berufsabschnitt der »Sozial- und Erziehungsberufe« (Berufskennziffer »86«–»89«) hat sich, im gleichen Zeitraum, ebenfalls enorm erhöht: von knapp 700.000 Be-

Bildungsmaßnahmen in den außerschulischen Bereichen mehr Geld ausgegeben als in den letzten Jahren: So weisen »Jugendhilfe« und »Weiterbildung« die deutlichsten Zuwachsraten an Bildungsausgaben der letzten 20 Jahre auf (vgl. Bundesminister für Bildung und Wissenschaft 1991, S. 277). Schließlich kommt hinzu, dass mit der Sozialpolitik darüber hinaus ein soziales Sicherungsnetz besteht, das materielle Risiken – allerdings fast durchgängig lohnarbeitszentriert – bis zu einem gewissen Grad solidargemeinschaftlich abfängt.

Dies legt den Schluss nahe, dass die soziale Integration, dass »Solidarität« und »Gemeinschaft« (also vergleichsweise dauerhafte Sozialkontakte) heute offenbar tatsächlich sozialstaatlich oder vielleicht besser: systemisch eigens hergestellt und »abgesichert« werden müssen. Das hat zweifellos Vor- und Nachteile. Während die Vorteile unbestritten in einer höheren *Verteilungsgerechtigkeit* und *Erwartbarkeit* der sozialen und pädagogischen Dienstleistungsangebote liegen (vgl. auch Luhmann 1973), müssen die Nachteile in den Zwängen und der Eigenlogik der öffentlichen und *beruflichen* Erbringung dieser Dienste gesehen werden: in einer tendenziellen Anonymisierung der Klientenbeziehungen, in der mangelnden zeitlichen und räumlichen Synchronität von Angebot und Nachfrage, in der Spezialisierung und fehlenden Verkoppelung von Hilfsangeboten (Beratung in Institution A, Therapie in Zentrum B und Sachhilfen in Behörde C), in der relativen Diskontinuität der zugrunde liegenden personalen Beziehungen, in einem wachsenden Abstand zwischen Betroffenen- und Expertenwissen oder etwa in der Verringerung freundschaftlich-spontaner Hilfsbereitschaft (aufgrund der individuell entlasteten und damit solidaritätsmindernden Wirkung der organisierten Hil-

schäftigten bis auf mehr als 1,3 Mio. (1990: ca. 1,4 Mio.). Fasst man die Gruppe der personenbezogenen sozialen Dienste unterdessen noch weiter und rechnet auch noch das Pflege- und Gesundheitswesen hinzu, so waren nach der Volkszählung von 1987 über 2,4 Mio. und damit mehr als 9% aller Erwerbstätigen der ehemaligen BRD im Sozial-, Erziehungs- und Gesundheitswesen beschäftigt (vgl. auch Rauschenbach 1992).

fe; vgl. Luhmann 1991, S. 113) sowie in dem Verlust von Nähe, Dauerhaftigkeit und »zeitinvarianter Reziprozität« von Nehmen und Geben. Das alles heißt zusammen genommen allerdings auch, dass berufliche pädagogische und soziale Hilfen nicht einfach Fortsetzungen von informellen Hilfen mit anderen Mitteln sind: dass demzufolge zwischen der »informellen« und der »inszenierten« Solidarität und sozialen Hilfe doch immerhin die Kluft ihrer *marktförmigen* Organisation liegt (zu einer Typologie der sozialen Hilfe vgl. Gängler/Rauschenbach 1986). Der Preis der Modernisierung hinterlässt mithin auch hier – völlig unabhängig von der Frage der konzeptionellen, personellen und institutionellen *Qualität* der organisierten Hilfe – seine tiefer gehenden Spuren: Sequenzialisierung, Temporalisierung, Partikularisierung, Diskontinuität und Spezialisierung werden so zu Merkmalen einer öffentlich organisierten Sozialen Arbeit.

### *4.2 Soziale Arbeit in der Moderne*

Vor dem Hintergrund der hier angestellten Überlegungen nach den Konsequenzen für Soziale Arbeit zu fragen ist ebenso schwierig wie spekulativ. Noch befinden sich theoretisch-gehaltvolle Gesellschaftsdiagnosen selbst in einer Phase des Suchens, noch sind die zugrunde liegenden Kategorien systematisch nicht ausreichend entfaltet. Infolgedessen kann eine hierauf bezogene Diskussion im disziplinären Bezug von Sozialer Arbeit und Pädagogik sich ebenfalls nur auf unsicherem Gelände bewegen. Abschließend sollen daher nur einige Anmerkungen dazu gemacht werden, in welche Richtung diesbezügliche Überlegungen zielen könnten.

*Erstens:* Wenn ich es richtig sehe, dann basiert Soziale Arbeit im Kern auf *zwei Ungleicheitsannahmen*: zum einen auf einer *alters-* oder *entwicklungsmäßigen* Ungleichheitsannahme in Bezug auf Erwachsene und Noch-nicht-Erwachsene, Lehrende und Lernende (und den damit verbundenen Konsequenzen), zum anderen auf einer *sozialen* Ungleichheitsannahme in Bezug auf Besitzer und Nichtbesitzer von Ressourcen (an Geld, Bildung, Wissen, Information, kultureller Teilhabe, Sozialkontakten, psychosozialer Stabilität). Dieser Annahme einer synchronen und einer diachronen Dimension zufolge wäre Ungleichheit, Disparität, Differenz die entscheidende, gemeinsame und konstitutive Komponente, die (sozial)pädagogisches Handeln hervorruft und legitimiert. Der Mangel, das Noch-nicht, die »Entwicklungstatsache« (Bernfeld), dies alles sind Auslöser und Wegbereiter dieses Handelns. Erziehung, Bildung, Wissensvermittlung, soziales Lernen, Rehabilitation, Hilfe und Beratung wären Dimensionen einer darauf bezogenen Sozialen Arbeit. Verknüpft man nunmehr diese zweifache Ungleichheitsannahme mit der Individualisierungsthese und der Risikodiagnose, so folgt daraus für Soziale Arbeit dreierlei:

- Zum einen dürfte die Bedeutung der typischen, sozusagen »klassischen« Ungleichheitsrelationen zurückgehen, sozialpädagogisch relevante Lebenslagen sich also ausdifferenzieren und pluralisieren, vielschichtiger und zugleich weniger offenkundig werden, kurz: »individualisieren«.
- Zum Zweiten lassen sich dann aber Ungleichheitslagen und Disparitäten, die (sozial)pädagogisches Handeln im weitesten Sinne nach sich ziehen, nicht mehr auf ganz bestimmte, typisierbare soziale Gruppen eingrenzen (so auch der Achte Jugendbericht; vgl. Bundesminister für Jugend, Familie, Frauen und Gesundheit 1990), etwa – in der Erziehung – auf die Altersgruppe der Kinder und Jugendlichen oder – in der Sozialarbeit – lediglich auf materiell benachteiligte Schichten und Gruppen.
- Zum Dritten muss schließlich der Typus des (sozial)pädagogischen Handelns selbst als ein Gegenstand der sozialen Risikodiagnose, als ein soziales Risiko identifiziert werden, insofern diese Form des sozialen Handelns in hohem Maße ungewissheitsbelastet, wissensabhängig und in sei-

nen Folgen kaum kontrollierbar ist (Luhmann und Schorr sprechen von einem Technologiedefizit; vgl. Luhmann/ Schorr 1979).

Hiermit korrespondierende Entwicklungen lassen sich im Rückblick als ein bereits länger andauernder Prozess einer stetigen Ausweitung und Ausdifferenzierung an neuen Aufgaben und Adressat/innen in der Sozialen Arbeit beobachten: In der Pädagogik etwa werden neben den traditionellen Feldern der Familie und Schule die Bereiche der Sozialpädagogik und der Erwachsenenbildung wichtiger; innerhalb der Sozialen Arbeit lagern sich permanent neue Aufgaben, Institutionen und Arbeitsfelder an (zum »sozialpädagogischen Jahrhundert« vgl. auch Thiersch 1992; Rauschenbach 1992). Mit dieser Ausweitung der »Gegenstände« verliert sich jedoch auch eine typisierbare Klientel bzw., genauer formuliert, das Typisierbare daran verschwindet; *die* Jugendlichen, *die* Mädchen, *die* Erwachsenen, *die* Behinderten, *die* Unterschicht, *die* Sozialhilfeempfänger oder *die* Armen gibt es dann als fiktiven Bezugspunkt nicht mehr, und die Soziale Arbeit sieht sich damit zunehmend einem entstandardisierten, vielschichtigen Publikum gegenüber, bei dem – zugespitzt formuliert – *alle* (auch die Akteure selbst) in den Stationen des Lebenslaufs vorübergehend und zeitweilig zu Adressat/innen des Sozial- und Erziehungssystems werden (können) – als Kinder, Schüler, Erwachsene oder Alte, als Beratungssuchende, als Alleinerziehende, als Teilnehmer/innen von Bildungsveranstaltungen oder als Jugendliche in der Jugendarbeit.

Wenn jedoch, wie Beck das formuliert, die Einzelnen selbst zur Reproduktionseinheit des Sozialen und zum Planungsbüro des eigenen Lebensentwurfs werden, dann heißt das auch, dass die je individuelle Lebenslage, die spezifische Lebensphase und die konkrete Einzelbiographie, kurz: die Einzelperson als konkreter »Einzelfall« vermehrt zur gedanklichen Leitlinie für die Soziale Arbeit wird. In dieser Hinwendung zum »Einzelfall« würde die Pädagogik einerseits ihren eigenen Möglichkeiten und Ansprüchen (der Intensität der Einzelbeziehung, dem Ernstnehmen konkreter Lebenslagen und -schicksale) zwar durchaus näher kommen, auf der anderen Seite aber würde sie damit jedoch auch gerade die verallgemeinerbaren Anteile kollektiver und gemeinsam geteilter Lebenslagen aus den Augen verlieren. Zugespitzt: Sie würde in dieser Form geradezu zu einem Prototyp einer individualisierten, zweiten Moderne.

*Zweitens:* Aber nicht nur der Zuschnitt der Personen, also der spezifisch zu erwartende Adressat/innenkreis, wird weniger kalkulierbar und sich damit verändern, sondern auch Aufgabenverständnis und Leistungserwartungen verlagern sich. Neben den bisher dominierenden Aufgaben der Regulation von sozialen und entwicklungsbedingten Ungleichheiten, in der Spannung von »Norm und Abweichung« bzw. von »Haben und Nichthaben« einerseits sowie von »Unmündigkeit und Autonomie« andererseits tritt die Unterstützung bei der Herstellung und Sicherung der persönlichen Ressourcen in den Vordergrund, das heißt die Stärkung derjenigen Basiskompetenzen, die benötigt werden, um als je Einzelner im Prozess der Individualisierung zu bestehen, um die individuell zugemuteten sozialen Risiken der eigenen Lebensführung und der eigenen permanenten Entscheidung unter Ungewissheitsbedingungen handhabbar zu machen.

Und dass dies auch für Soziale Arbeit ungleich schwieriger, ungewisser, ja riskanter wird, hängt vor allem auch damit zusammen, dass die klassischen Stabilisatoren *Familie* und *Arbeit* nicht nur in sich erodieren, sondern auch als *normative* Orientierungsmaßstäbe in ihrer Verbindlichkeit und Kontinuität brüchiger werden. Mit anderen Worten: Soziale Arbeit kann sich nicht mehr länger problemlos auf die normalitätssichernden Muster der »Normalfamilie« und der »Normalarbeit« beziehen. An ihre Stelle oder zumindest neben diese unverbindlicher werdenden Referenzbereiche tritt als ein allgemeiner, nicht von vorneherein auf Arbeit und Familie festgelegter Horizont, das, was man vielleicht am ehesten mit »*Lebensbe-*

*wältigung*« (vgl. Böhnisch/Schefold 1985) umschreiben könnte. Das heißt, über Familie und Arbeit hinausgehend werden Kommunikation, Lebensbewältigung und individuell zu entwickelnde Lebensformen sowie die darin liegenden sozialen Risiken zu Topoi (sozial)pädagogischen Handelns.[1]

Mit diesem Rückgriff auf einen so grundlegenden und zugleich so unspezifischen Sachverhalt wie »Lebensbewältigung« soll allerdings nicht nur eine Ausweitung der »Brennweite« des (sozial)pädagogischen Blickes auf die Lebensinhalte der Menschen *außerhalb* der Arbeit und des Familienlebens angestrebt, also eine Art additive gegenstandsbezogene Komplexitätssteigerung, eingeleitet werden. Vorrangig soll mit diesem Perspektivenwechsel einer sich neu abzeichnenden individuellen Herausforderung begrifflich begegnet werden, die quer zu Familie und Arbeit liegt und immer mehr zu einer basalen Lebensnotwendigkeit wird: der Fähigkeit, mit der Ambivalenz und den Ri-

1 Dass analog zu einer Beschleunigung von Risikogesellschaft und Individualisierung eine Debatte um das »Ende der (intentionalen) Erziehung« und eine Verunsicherung der »normativen Pädagogik« zu beobachten ist und dass in dieser Situation dann Sozialisation, Selbstsozialisation und Selbstständigkeit als konkurrierende Leitbegriffe angeboten werden, lässt sich auch als eine Reaktion auf derartige Veränderungen und Verunsicherungen, gewissermaßen als ein Umsteigen auf risikoverringernde und risikoverlagernde Strategien interpretieren: das Ausweichen auf nichtintendierte, nichtveranlasste, nichtausgelöste eigene Entscheidungen seitens der Erziehenden zur Minimierung der eigenen Verantwortlichkeit in »pädagogischen Situationen« (als Situationen unter permanentem Entscheidungsdruck) im Anschluss an die Debatten um »Antiautoritäre Erziehung«, »Schwarze Pädagogik« und »Antipädagogik«. Das durch noch mehr Möglichkeitsspielräume noch größer gewordene Risiko der »falschen« eigenen (intendierten) Entscheidung wird via »Sozialisation« und »Selbstständigkeit« abgegeben und so auf viele Schultern und Sozialisationsagenturen verteilt. Die Folge ist: Persönlichkeitsentwicklung erfolgt zwar im Bewusstsein ihrer jeweiligen *sozialen Hergestelltheit*, nicht mehr gottgewollt, genetisch bedingt etc., wird also Entscheidungen zurechenbar, allerdings zugleich so weit verallgemeinert (gleichsam zu einem Produkt des »generalized other«; vgl. Mead 1968), dass es nicht mehr *konkreten* Einzelentscheidungen und *einzelnen* Personen zurechenbar wird (vgl. auch Luhmann 1991, S. 35). Dies kann man zivilisationsgeschichtlich auch als eine Form der Entlastung angesichts der immens angewachsenen Erwartungen in puncto Erziehung interpretieren. Oder in Umkehrung eines Luhmannschen Gedankens: als Vermeidung von Situationen, in denen andere Opfer des eigenen riskanten Verhaltens werden könnten (vgl. Luhmann 1991, S. 146).

siken zwischen potentieller Entscheidungs*freiheit* und permanentem Entscheidungs*zwang* umgehen zu lernen, diese Spannung produktiv zu nutzen, auszuhalten und nicht an ihr zugrunde zu gehen. »Vati, muss ich schon wieder spielen, was *ich will*?« ist eine ironisierende Formulierung dieser ambivalenten und keineswegs nur spielerischen Misere. Allein beispielsweise die riskante Chance, darüber entscheiden zu *können*, ob, mit wem und wann man ein Kind will, ist heutzutage für manche Frauen – aber nicht nur für diese – ein tief gehendes, anhaltendes und eventuell sogar identitätsbedrohendes Entscheidungsdilemma (nicht selten mit der Folge einer »Entscheidung durch Nichtentscheidung«).

Oder allgemeiner: Die Möglichkeit, etwas Bestimmtes machen zu können und dafür aber auf etwas anderes verzichten zu müssen, das Wissen um Kontingenz, sich *für* etwas und damit gleichzeitig *gegen* viele andere Möglichkeiten zu entscheiden – derartige Dilemmata in den großen wie in den kleinen Entscheidungen des täglichen Lebens erfordern immer mehr an psychischer und sozialer Energie (und stellen als neues Zivilisationserfordernis eine latente Überforderung dar, bisweilen mit der Folge einer Sehnsucht nach den einfachen Antworten, nach den starken Männern, den Idolen, nach den Vorbildern und Verführern, kurz: nach der Entlastung, selbst entscheiden zu müssen).

Wer plant – und sei es nur sein eigenes bescheidenes Leben –, ist angewiesen auf Informationen, Kriterien, Vergleiche und Erfahrungen früherer Versuche, braucht Wissen über mögliche Wirkungen, benötigt vergleichbare Alternativen und Optionen, muss die Erfolgschancen kalkulieren und so etwas wie eine persönliche Kosten-Nutzen-Analyse durchführen. Auf diese Anforderungen und Folgen des Individualisierungsschubes werden die Menschen aber nicht vorbereitet, zumindest nicht alle und nicht für alle wichtigen Lebenslagen. Zudem sind die persönlichen und sozialen Ressourcen, diese Kompetenzen zu entwickeln, ungleich verteilt. Die Menschen hierbei zu unterstützen, ihnen zu helfen, sozusagen ihr Planungsbüro in eigener Sache aufzubauen, sei es zunächst ganz allgemein – als Basiskompetenz – oder sei es vor, in oder nach Krisensituationen, dürfte infolgedessen zu einer elementaren und zentralen Aufgabe und Herausforderung für eine dann alters- und adressatenbezogen entgrenzte Soziale Arbeit werden: Sozialarbeiter/innen und Sozialpädagog/innen als Dienstleistungsanbieter/innen, als »soziale Risikoexpert/innen« in lebenswelt-unterstützenden und biographisch relevanten sozialen Fragen der (Lebens-)Planung und Lebensführung.

*Drittens:* Schließlich tangieren die Prozesse der gesellschaftlichen Modernisierung und Individualisierung auch die Bedingungen pädagogischen Handelns in verschiedenen Phasen des Lebenslaufs und in unterschiedlichen Lebenslagen in je spezifischer Weise:

- Die »Verinselung der Kindheit«, also die raumunabhängige Inszenierung des heutigen *Kinderlebens*, die gleichzeitige Intimisierung von Kindheit, deren emotionale Aufgeladenheit, die Abnahme alltags- und sozialräumlich integrierter Gleichaltrigenbeziehungen und die Zunahme vertikaler, bisweilen beruflich organisierter Erwachsenenbezüge, die zunehmende Normalerfahrung öffentlicher Erziehung, die psychosozialen »Kosten« misslungener familialer Kommunikation oder die qualitätsbezogenen Ungewissheiten öffentlicher Erziehung, kurz: die Folgen der »organisierten Kindheit« – dies alles sind Merkmale und Potentiale der Risikolage »Kindheit« (vgl. auch Nave-Herz 1990).
- Das *Jugendalter* wird immer mehr zu einer hochgradig risikobelasteten Lebensphase, rücken doch gerade in diesem Lebensabschnitt *Möglichkeitshorizonte* (»soziale Ersterfahrungen«; vgl. auch Ziehe 1991, S. 117ff.) in einem Ausmaß und einer Intensität ohne vergleichende und entscheidungsentlastende Rückgriffsmöglichkeiten hinsichtlich früherer Erfahrungen ins Blickfeld, sodass allein in der Kombinationsvielfalt und der Entscheidugskomplexität

schon eine risikoreiche Form der Entstandardisierung und Individualisierung der Jugendphase liegt (vgl. Heitmeyer/Olk 1990, S. 11ff.).

- Der Bedeutungswandel von *Bildungs- und Ausbildungsmaßnahmen*, die immer mehr ihre Aufstiegswirkung verlieren, sozusagen als risikofreies Zukunftskapital unattraktiv werden und demgegenüber eher zu einem unverzichtbaren Mittel gegen den sozialen Abstieg werden, verändert die Lebenslage Schule und die Lebensphase Schülersein (vgl. auch Beck 1983, S. 45). Ausbildung und Qualifikation werden durch vielschichtige Ungewissheitshorizonte belastet, Abschlüsse und Zertifikate werden zu formalen Teilnahmeberechtigungsscheinen bei der nächsten Runde im Karussell der Selektion degradiert.
- *Ehe, Familie und Partnerschaft* verändern sich in ihren Konstellationen, ihrer Dynamik, in ihren raumzeitlichen Koordinaten ebenfalls. Das Verhältnis von Familie und eigener, individueller Biographie lockert sich, innerfamiliale Individualisierungsschübe nehmen zu, die Zeiten im eigenen Lebenslauf von nichtfamilialer Partnerschaft, von familienfreien Lebensformen im Horizont der sich verlängernden Lebenserwartung weiten sich aus, die Beziehungsformen der »flüchtigen« Bekanntschaften oder der eheähnlichen Partnerschaften, der Einelternfamilien, der Zweitehen, der Zeiten ohne Kinder, der »Spagatfamilie« und der Ehen auf Zeit nehmen zu, der »Kern der Kernfamilie« (Beck) löst sich auf, und die gegenwartsnahen, augenblicksorientierten Beziehungen entwickeln sich von Anfang an mit einem erhöhten Ungewissheitskalkül und mit »doppelter Kontingenz« (Luhmann).
- *Beruf und Arbeitsmarkt* erodieren, die Sicherheit eines kontinuierlichen und einigermaßen planbaren beruflichen Lebens scheint sich für immer mehr Menschen (genauer: Männer) aufzulösen. Brüche, Diskontinuitäten, Zeiten der Arbeitslosigkeit, Umschulungen, Unterbeschäftigungen und Zeiten ausbildungsfremder Tätigkeiten werden ver-

mehrt zu einer eigenen Erfahrung oder zumindest zu einer permanenten Gefährdungslage. Arbeitsplatzsicherheit wird neben dem Einkommen vielfach zu einem wertvollen Gut und zu einer Ressource der Risikominimierung im eigenen Lebenslauf; kohortenspezifische, regionale oder branchenspezifische Arbeitsplatzrisiken überwuchern die schichtspezifisch eingrenzbaren Risikolagen des Arbeitsmarktes.

- *Altern und Alter* werden mit neuen Ungewissheitsrisiken in der sich potentiell ausweitenden Lebenszeit belastet, sei es mit der Frage nach dem Lebensinhalt für die immer größer werdende Zeitspanne zwischen Rente und Alter, sei es mit der Frage der (meist weiblichen) Altersarmut, der sozialen Isolation oder der Frage nach dem Lebensort, der Lebensform und der Lebensorganisation sowie den funktionierenden Beziehungsnetzen angesichts der abnehmenden Zahl eigener Kinder und Kindeskinder, der zunehmenden Erwerbsbeteiligung auch der eigenen Töchter, der wachsenden räumlichen Entfernungen zwischen den Lebensorten der Generationen und der Ungewissheit einer drohenden Pflegebedürftigkeit angesichts der Zunahme von Hochbetagten.
- *Geschlechterverhältnisse* werden zu einem Jahrhundertthema. Zwischen Kinderfrage, ökonomischer Sicherung und eigenständiger Lebensführung von Frauen, zwischen Teilung der Hausarbeit und der Gleichstellung von Frauen im Beruf und öffentlichen Leben werden Reibungsflächen und Risikolagen erzeugt, die viele »Planungsbüros« von Frauen wie von Männern derzeit gewaltig in Anspruch nehmen, die aber auch einen fundamentalen Umbau der gesellschaftlichen Sozialformen, des Verhältnisses von privater und öffentlicher Erziehung (Kindertagesstätten, Ganztagsschulen etc.) und eine Neuformatierung der Geschlechterbeziehungen und der disparaten Verteilung von Risikolagen notwendig machen, ohne dass die sozialen Risiken dieser Transformation vermeidbar wären.

Die genannten Punkte sind sicher nicht vollständig, ließen sich zweifelsohne vermehren. Gleichwohl sollen sie lediglich einige Risikolagen anzeigen, mit denen Soziale Arbeit z.T. längst beschäftigt ist, mit denen sie jedoch künftig noch deutlicher konfrontiert sein dürfte.

Sowohl private Erziehungsverhältnisse – via Scheidung, Zweitfamilien, aber auch früherer Herauslösung aus dem Definitionshorizont der Herkunftsfamilie – als auch öffentliche Erziehungs- und Sozialisationsräume (durch ihre berufliche und vorübergehende Angebotsform) temporalisieren, partikularisieren und diskontinuieren die zwischenmenschlichen Interaktionsbezüge der Heranwachsenden. Unbeständigkeit, Ungewissheit und der sich ständig wiederholende Wechsel relevanter Bezugspersonen, kurz: Instabilität wird so zu einer Normalerfahrung in der Biographie und Sozialisation von Kindern und Jugendlichen. Freundschaften und Beziehungen, ja selbst die Eltern-Kind-Bezüge werden riskanter (optionenreicher) und lassen als eine Strategie der Risikoverminderung (bezüglich der eigenen Enttäuschung und des eigenen »Schadens«) eine »gebremste« Form der Selbstinvestition und eines Vorbehalts hinsichtlich der Vertrauensinvestition in die Partnerschaften zumindest stellenweise als ratsam erscheinen. Tendenziell allumfassende, situations- und lebensphasenübergreifende sowie dauerhafte Partnerschaften, wie sie sich im familial-verwandtschaftlichen Kontext, aber auch in anderen gleich bleibenden sozialen Nahräumen (z.B. Freundschaften) herausgebildet haben, werden immer weniger zu einer kalkulierbaren sozialen Normalerfahrung. Intergenerative Verstrebungen und stabilisierende Rückbindungen an Milieus und Gruppenzugehörigkeiten erodieren. Infolgedessen wird das, worauf die Moderne alternativlos angewiesen ist, nämlich gleichermaßen stabile, zurechenbare und kontinuierliche wie flexible, anpassungsfähige und unabhängige Individuen hervorzubringen, als Selbstanforderung immer mehr auf den einzelnen Menschen verschoben. Der Einzelne wird sich so buchstäblich selbst der Nächste, wird selbst zu einer eigenen »Reproduktionseinheit des Sozialen« (Beck).

Diese risikoreiche Zumutung der eigenen sozialen oder, vielleicht besser: symbolischen Reproduktion, diese wachsende Zurechnung der Lebensführung auf eigene Entscheidungen benötigt trotz allem immer wieder und in unterschiedlichen Situationen Unterstützung. Dafür Hilfestellung, Beratung, Information und Begleitung anzubieten, hierfür Gemeinschaft, Kommunikation und Solidarität subsidiär zu »inszenieren« und erwartbar bereitzustellen, wo diese ansonsten vermisst werden und – im Extremfall – Lebensfähigkeit wie Lebensbereitschaft stark gefährdet werden: In diesem Koordinatensystem liegen für die sich künftig vermutlich noch ausweitenden Formen sozialer Dienste und öffentlicher Erziehung die zu bearbeitenden Aufgaben. Soziale Arbeit erweitert so die Handlungsspielräume der Menschen und verstärkt gleichzeitig Prozesse der Individualisierung, der Ungewissheit und des sozialen Risikos. Das macht ihre Ambivalenz aus. Sie ist somit nicht nur *Produkt* der sich in eine andere, zweite Moderne verwandelnden Industriegesellschaft, sondern vielmehr zugleich auch selbst *Produzent* von Chancen *und* Risiken auf dem Weg dorthin. Und so könnte Soziale Arbeit in Form sozialer Dienste und öffentlicher Erziehung zu einem Nutznießer, gewissermaßen zu einem Risikogewinner infolge der unvermeidlichen Nebenwirkungen und Begleiterscheinungen auf dem Weg in diese zweite Moderne werden.

## Literatur

Backes, G.: Frauen und soziales Ehrenamt. Zur Vergesellschaftung weiblicher Selbsthilfe. Augsburg 1987.

Bechmann, G.: Großtechnische Systeme, Risiko und gesellschaftliche Unsicherheit. In: Halfmann/Japp (1990), S. 123–149.

Beck, U.: Jenseits von Stand und Klasse? Soziale Ungleichheiten, gesellschaftliche Individualisierungsprozesse und die Entstehung sozialer

Formationen und Identitäten. In: Kreckel, R. (Hrsg.): Soziale Ungleichheit. Göttingen 1983, S. 35–74.

Beck, U.: Von der Vergänglichkeit der Industriegesellschaft. In: Schmid, Th. (Hrsg.): Das pfeifende Schwein. Über weitergehende Interessen der Linken. Berlin 1985, S. 85–114.

Beck, U.: Risikogesellschaft. Auf dem Weg in eine andere Moderne. Frankfurt a.M. 1986.

Beck, U.: Gegengifte. Die organisierte Unverantwortlichkeit. Frankfurt a.M. 1988.

Beck, U.: Politik in der Risikogesellschaft. Frankfurt a.M. 1991.

Beck, U.: Der Konflikt der zwei Modernen. Vom ökologischen und sozialen Umbau der Risikogesellschaft. In: Rauschenbach/Gängler (1992), S. 185–202.

Beck-Gernsheim, E.: Vom »Dasein für andere« zum Anspruch auf ein Stück »eigenes Leben«. Individualisierungsprozesse im weiblichen Lebenszusammenhang. In: Soziale Welt, 34. Jg., 1983, Heft 3, S. 307–340.

Berger, A.P./Hradl, S. (Hrsg.): Lebenslagen – Lebensläufe – Lebensstile (Soziale Welt, Sonderband 7). Göttingen 1990.

Berger, J. (Hrsg.): Die Moderne. Kontinuitäten und Zäsuren (Soziale Welt: Sonderband 4). Göttingen 1986.

Bilden; H.: Geschlechterverhältnis und Individualität im gesellschaftlichen Umbruch. In: Keupp, H./Bilden, H. (Hrsg.): Verunsicherungen. Das Subjekt im gesellschaftlichen Wandel. Göttingen u.a. 1989, S. 19–46.

Blanke, T.: Zur Aktualität des Risikobegriffs. Über die Konstruktion der Welt und die Wissenschaft in ihr. In: Beck (1991), S. 275–287.

Böhnisch, L./Schefold, W.: Lebensbewältigung. Soziale und pädagogische Verständigungen an den Grenzen der Wohlfahrtsgesellschaft. Weinheim/München 1985.

Bonß, W.: Unsicherheit und Gesellschaft. Argumente für eine soziologische Risikoforschung. In: Soziale Welt, 42. Jg., 1991, Heft 2, S. 258–277.

Brock, D.: Die Risikogesellschaft und das Risiko soziologischer Zuspitzung. In: Zeitschrift für Soziologie, 20. Jg., 1991, Heft 1, S. 12–24.

Bundesminister für Bildung und Wissenschaft (Hrsg.): »Grund- und Strukturdaten 1991/92«. Bonn 1991.

Bundesminister für Jugend, Familie, Frauen und Gesundheit (Hrsg.): Achter Jugendbericht. Bericht über Bestrebungen und Leistungen der Jugendhilfe. Bonn 1990.

Erikson, E.H.: Identität und Lebenszyklus. Frankfurt a.M. 1966.

Gängler, H./Rauschenbach, Th.: Sozialpädagogik in der Moderne. Vom Hilfe-Herrschafts-Problem zum Kolonialisierungstheorem. In: Müller, S. /Otto, H.-U. (Hrsg.): Verstehen oder Kolonialisieren? Grundprobleme sozialpädagogischen Handelns und Forschens. 2. Aufl., Bielefeld, 1986, S. 169–203.

Habermas, J.: Theorie des kommunikativen Handelns. Handlungsrationalität und gesellschaftliche Rationalität. Band 1. Frankfurt a.M. 1981(a).

Habermas, J.: Theorie des kommunikativen Handelns. Zur Kritik der funktionalistischen Vernunft. Band 2. Frankfurt a.M. 1981(b).

Habermas, J.: Moralbewusstsein und kommunikatives Handeln. Frankfurt a.M. 1983.

Habermas, J.: Die neue Unübersichtlichkeit. Frankfurt a.M. 1985.

Halfmann, J./Japp, K.P. (Hrsg.): Riskante Entscheidungen und Katastrophenpotentiale. Elemente einer soziologischen Risikoforschung. Opladen 1990.

Heimann, E.: Soziale Theorie des Kapitalismus. Theorie der Sozialpolitik. Frankfurt a.M. 1980.

Heitmeyer, W./Olk, Th. (Hrsg.), Individualisierung von Jugend. Gesellschaftliche Prozesse, subjektive Verarbeitungsformen, jugendpolitische Konsequenzen. Weinheim/München 1990.

Hennen, L.: Risiko-Kommunikation: Informations- und Kommunikationstechnologien. In: Jungermann/Rohrmann/Wiedemann (1990), S. 225–279.

Japp, K.P.: Das Risiko der Rationalität für technisch-ökologische Systeme. In: Halfmann/Japp (1990), S. 34–56.

Jungermann, H./Rohrmann, B./Wiedemann, P.M. (Hrsg.): Risikokontroversen. Konzepte, Konflikte, Kommunikation. Berlin u.a. 1991.

Kaufmann, F.-X.: Elemente einer soziologischen Theorie sozialpolitischer Intervention. In: Kaufmann, F.-X. (Hrsg.): Staatliche Sozialpolitik und Familie. München/Wien 1982, S. 49–86.

Keupp, H.: Auf der Suche nach der verlorenen Identität. In: Keupp, H./Bilden, H. (Hrsg.): Verunsicherungen. Das Subjekt im gesellschaftlichen Wandel. Göttingen u.a. 1989, S. 47–69.

Keupp, H.: Verunsicherungen, Risiken und Chancen des Subjekts in der Postmoderne. In: Rauschenbach/Gängler (1992), S. 165–202.

Kohli, M.: Die Institutionalisierung des Lebenslaufs. Historische Befunde und theoretische Argumente. In: Kölner Zeitschrift für Soziologie und Sozialpsychologie, 37. Jg., 1985, Heft 1, S. 1–29.

Kohli, M.: Gesellschaftszeit und Lebenszeit. Der Lebenslauf im Strukturwandel der Moderne. In: Berger (1986), S. 183–208.

Kontos, S. /Walser, K.: »... weil nur zählt, was Geld einbringt«. Probleme der Hausfrauenarbeit. Gelnhausen u.a. 1979.

Krappmann, L.: Soziologische Dimensionen der Identität. Strukturelle Bedingungen für die Teilnahme an Interaktionsprozessen. Stuttgart 1969.

Lau, Ch.: Risikodiskurse. Gesellschaftliche Auseinandersetzungen um die Definition von Risiken. In: Soziale Welt, 40. Jg., 1989, Heft 3, S. 418–436.

Leithäuser, Th.: Formen des Alltagsbewusstseins. Frankfurt a.M. 1976.

Luhmann, N.: Formen des Helfens im Wandel gesellschaftlicher Bedingungen. In: Otto, H./Schneider, S. (Hrsg.): Gesellschaftliche Perspektiven der Sozialarbeit. 2 Bände. Neuwied 1973, S. 21–43.

Luhmann, N.: Soziale Systeme. Grundriss einer allgemeinen Theorie. Frankfurt a.M. 1984.

Luhmann, N.: Risiko und Gefahr. In: Luhmann, N.: Soziologische Aufklärung. Band 5. Opladen 1990, S. 131–169.

Luhmann, N.: Soziologie des Risikos. Berlin/New York 1991.

Luhmann, N./Schorr, K.-E.: Reflexionsprobleme im Erziehungssystem. Stuttgart 1979.

Mead, G.H.: Geist, Identität und Gesellschaft. Frankfurt a.M. 1968.

Merten, R./Olk, Th.: Wenn Sozialarbeit sich selbst zum Problem wird. Strategien reflexiver Modernisierung. In: Rauschenbach/Gängler (1992), S. 81–100.

Mollenhauer, K.: Die Ursprünge der Sozialpädagogik in der industriellen Gesellschaft. Eine Untersuchung zur Struktur sozialpädagogischen Denkens und Handelns. Weinheim 1959.

Mollenhauer, K.: Theorien zum Erziehungsprozess. München 1972.

Müller, S./Rauschenbach, Th. (Hrsg.): Das soziale Ehrenamt. Nützliche Arbeit zum Nulltarif. Weinheim/München 1988.

Münchmeier, R.: Zugänge zur Geschichte der Sozialarbeit. München 1981.

Nave-Herz, R.: Wandel im kindlichen Alltag. Auswirkungen des Geburtenrückgangs in der Bundesrepublik Deutschland. In: Familie und Recht, 1. Jg., 1990, Heft 1, S. 29–35.

Puch, H.-J.: Inszenierte Gemeinschaften. Gesellschaftlicher Wandel und lebensweltliche Handlungsstrategien in der sozialen Arbeit. Frankfurt a.M. u.a. 1988.

Rauschenbach, Th.: Jugendhilfe als Arbeitsmarkt. Fachschul-, Fachhochschul- und UniversitätsabsolventInnen in sozialen Berufen. In: Sachverständigenkommission 8. Jugendbericht (Hrsg.): Jugendhilfe – historischer Rückblick und neuere Entwicklung. Band 1. München 1990, S. 225–297.

Rauschenbach, Th.: Sind nur Lehrer Pädagogen? Disziplinäre Selbstvergewisserungen im Horizont eines Wandels der Sozial- und Erziehungsberufe. In: Zeitschrift für Pädagogik, 38. Jg., 1992, Heft 3, S. 385–417.

Rauschenbach, Th./Gängler, H. (Hrsg.): Soziale Arbeit und Erziehung in der Risikogesellschaft. Neuwied/Kriftel/Berlin 1992.

Rauschenbach, Th./Treptow, R.: Sozialpädagogische Reflexivität und gesellschaftliche Rationalität. In: Müller, S. u.a. (Hrsg.): Handlungskompetenz in der Sozialarbeit/Sozialpädagogik II. Theoretische Konzepte und gesellschaftliche Strukturen. Bielefeld 1984, S. 21–71.

Sachße, CH.: Mütterlichkeit als Beruf. Sozialarbeit, Sozialreform und Frauenbewegung 1871–1929. Frankfurt a.M. 1986.

Schüz, M. (Hrsg.): Risiko und Wagnis. Die Herausforderung der industriellen Welt. 2 Bände. Pfullingen 1990.

Tenorth, H.-E.: Geschichte der Erziehung. Einführung in die Grundzüge ihrer neuzeitlichen Entwicklung. Weinheim/München 1988.

Thiersch, H.: Die Erfahrung der Wirklichkeit. Perspektiven einer alltagsorientierten Sozialpädagogik. Weinheim/München 1986.

Thiersch, H.: Das sozialpädagogische Jahrhundert. In: Rauschenbach/Gängler (1992), S. 9–24.

Weymann, A.: Handlungsspielräume im Lebenslauf. Ein Essay zur Einführung. In: Weymann, A. (Hrsg.): Handlungsspielräume. Stuttgart 1988, S. 1–39.

Ziehe, Th.: Zeitvergleiche. Jugend in kulturellen Modernisierungen. Weinheim/München 1991.

*Hedi Colberg-Schrader*

# Aufwachsen in der Risikogesellschaft

*Was bedeutet das für Kindertageseinrichtungen?*

Mit dem Begriff »Risikogesellschaft« hat Ulrich Beck (1986) eine gesellschaftliche Gegenwartsdiagnose geliefert, die Entwicklungen der Industriegesellschaft und ihre Folgen für das Leben der Menschen analysiert. Die »Risikogesellschaft« ist ein theoretisches Konstrukt, mit dem sicher nicht die soziale Wirklichkeit in ihrer Breite beschrieben werden kann und in dem sich nicht jeder mit seinen Erfahrungen, Anschauungen und Werten wiederfindet. Der Anspruch einer solchen Blickweise ist vielmehr, gesellschaftliche Tendenzen zugespitzt deutlich zu machen. Nach Becks Theorie hat der Modernisierungsprozess der Gesellschaft traditionelle Lebenszusammenhänge aufgelöst. Alles, was für eine lange Zeit innerhalb der Industriegesellschaft »normal« war, wird brüchig und verliert an Verbindlichkeit. Die »Normalfamilie« verliert an normierender Kraft, das »Normalarbeitsverhältnis« gerät ins Wanken, die »Normalbiographie« gibt es nicht mehr. Moderne Menschen können sich nicht mehr auf allgemein verbindliche Lebensvorgaben verlassen, ihr Leben verläuft nicht mehr nach festgelegten Mustern, stattdessen haben sie ihr eigenes Leben zu gestalten, müssen für sich selbst verantwortlich sein. Man spricht von der zunehmenden Individualisierung von Lebensführungen und der damit verbundenen wachsenden Vielfalt von Lebensformen und Lebensstilen.

Dies ist durchaus eine »befreiende« Entwicklung, die Menschen können sich frei machen von Zwängen ihres Herkunftsmilieus, von Geschlechtszuschreibungen, von einengenden Vorstellungen über »normales« Leben. Aber diese befreiende Perspektive ist die eine Seite der Medaille. Die andere Seite ist, dass Menschen ihr eigenes Leben führen und gestalten *müssen*, dass sie bei durchaus widersprüchlichen Anforderungen ihren Weg finden müssen, ohne dass sie die Bedingungen und Konsequenzen ihrer Entscheidungen überschauen und verlässlich kalkulieren können. Und dies wird von vielen Menschen heute auch als Überforderung und Verunsicherung erlebt, und nicht wenige geraten bei diesen Anforderungen ins Abseits.

Ein weiterer Aspekt, der mit dem Stichwort »Risikogesellschaft« diskutiert wird, ist, dass die Unkosten der Moderne ständig wachsen, dass die Schattenseiten des Fortschritts immer unübersehbarer werden. Tschernobyl hat sehr deutlich gezeigt, dass der industrielle Fortschritt lebensgefährliche Grenzen überschreitet. Ozonloch, Treibhauseffekt und Klimakatastrophe sind Beispiele dafür, dass das Größer, Schneller und Mehr in der grenzenlos produzierenden Industriegesellschaft, wenn man es weiterdenkt, ein Selbstzerstörungsprozess ist. Mit Blick auf diese Dimension skizziert der Begriff »Risikogesellschaft« eine Gesellschaft, die zwar mit Schadensbegrenzung, mit Grenzwerten und der Hoffnung auf neue technische Lösungen beschäftigt ist, die aber letztlich ihre selbst erzeugten Bedrohungen und Risiken nicht mehr beherrschen kann.

Was hat dies nun mit dem Aufwachsen von Kindern zu tun?

Als die Vereinten Nationen 1989 die »Konvention über die Rechte des Kindes« beschlossen, war man in den meisten westlichen Ländern zunächst der Meinung, dass eine solche Konvention zwar für Entwicklungsländer wichtig sei, dass dies aber für die reichen Industrieländer kein Thema sei. Die Diskussion seit dem Inkrafttreten der Konvention hat nun sehr deutlich gemacht, dass gerade auch in den reichen Industrieländern Rechte und Lebensbedingungen von Kindern gefährdet sind. Insbesondere ist das Recht auf eine intakte ökologische Umwelt und das Recht auf eine intakte soziale Umwelt für eine zunehmende Zahl von Kindern in Frage gestellt (Bronfenbrenner 1993; Hurrelmann 1995).

Dass Kinder von den Belastungen und Vergiftungen von Luft, Wasser, Boden und Nahrung aktuell betroffen sind, dass sie – weil Grenzwerte an Erwachsenen orientiert sind – in besonders starkem Maß unter Gesundheitsbeeinträchtigungen leiden, wird mit zahlreichen Untersuchungen belegt. Und welche Hypotheken den Kindern für ihr weiteres Leben mit diesen Belastungen sowohl gesundheitlich wie finanziell aufgetürmt werden, können wir heute noch gar nicht absehen.

Ich möchte in meinem Beitrag den Schwerpunkt auf den anderen Bereich, nämlich den der gefährdeten sozialen Umwelt für Kinder, legen. Meine These:

## 1. Mit Kindern leben ist eine Lebensform mit hohem individuellem Risiko

Kinder leben heute mit ihren Familien im Spannungsfeld von Familie, Arbeitswelt und Freizeit. Im Kontext der Pluralisierung von Familienformen und der Individualisierung von Lebensführungen verändern sich die traditionellen Rollenmuster von Frauen, Männern und Kindern. Insbesondere die sich verändernden Lebenskonzepte von Frauen haben weit reichende Folgen für die Organisation des familiären Alltags. Die vormals gewohnten privaten Ressourcen zur Kindererziehung stehen nicht mehr unbegrenzt zur Verfügung. Was lange Zeit »kostenlos« von Frauen in Familien geleistet wurde, muss heute in anderer Weise organisiert werden. Frauen suchen in einer Gesellschaft, in der die individuelle Erwerbstätigkeit Voraussetzung für Einkommen, gesellschaftliche Teilhabe und soziale Sicherung ist, zunehmend nach Lebensformen in Kombination von Beruf und Familie.

Um Missverständnissen vorzubeugen: Familie und Kinder haben auch für junge Menschen heute – wie verschiedene Untersuchungen zeigen – einen hohen Wert, gerade im Zusammenleben mit Kindern wird Lebenssinn gesehen (Erler u.a. 1988). Und zweifellos haben die meisten Familien nach wie vor auch vor allem viel Freude an ihren Kindern. Aber – mit der Brille der Risikogesellschaft – die Entscheidung für Kinder ist heute nicht mehr selbstverständlich, sie wird zu einem Wagnis mit ungewissen Folgen. Kinder zu haben ist heute für viele Menschen Ergebnis eines längeren Planungsprozesses, in dem verschiedene Voraussetzungen geklärt werden müssen. Dazu gehört, dass die Partnerschaft stabil ist, dass angemessener Wohnraum vorhanden ist, dass das Einkommen ausreicht, dass der Kinderwunsch nicht mit Berufsplänen oder anderen biographischen Optionen kollidiert. Man bzw. frau kann heute auch ohne soziale Ächtung kinderlos und auch als Single leben. Und wenn sich frau für Kinder entscheidet, bedeutet dies in der Regel weniger Einkommen, geringere Chancen im Wettbewerb um berufliches Fortkommen und nicht selten ein Armutsrisiko für das Alter.

Kein Wunder also, dass viele Frauen sicherheitshalber erst einmal Ausbildung und erste Berufsjahre unter Dach und Fach haben wollen – der Kinderwunsch wird also häufig aufgeschoben. Dies mit der Folge, dass das Alter der Mutter bei der Geburt des Kindes durchschnittlich höher geworden ist – in nicht wenigen Fällen führt das Zeitaufschieben dazu, dass es dann später nichts mehr wird mit dem Kinderwunsch. Der dramatische Geburtenrückgang in den neuen Bundesländern ist sicher auch deutliches Zeichen der neuen Unsicherheiten bei starker Berufsorientierung. Der Anspruch, ein eigenes Leben zu gestalten, beruflich erfolgreich, mobil und flexibel zu sein, steht im Widerspruch zu dem Anspruch, Zeit und Lebensqualität im Zusammenleben mit Kindern zu haben und Kindern die Bedingungen zu schaffen, die sie für ein gesundes Aufwachsen brauchen. Die alltäglichen Organisationskünste, die mit dieser widersprüchlichen Lebenssituation verbunden sind, haben bisher fast ausschließlich die Mütter zu leisten, wobei das Risiko des Scheiterns von Lebensplänen sehr groß ist.

## 2. Kinder geraten in der erwerbsdominierten Erwachsenenwelt an den Rand

Die mühsamen Suchbewegungen, die die meisten Frauen in der derzeitigen Situation machen, um lebbare Formen zwischen Beruf und Familie zu finden, zeigen, dass in einer Gesellschaft, in der sich alles um Erwerbsarbeit dreht, Kinder an den Rand geraten. Zwar muss es sich die Gesellschaft einiges kosten lassen, um Kindern die Lebensräume, die sie für ein gesundes Aufwachsen brauchen, sicherzustellen. Maßnahmen wie Erziehungsgeld, Erziehungsurlaub sowie Institutionen für Kinder gehören inzwischen zu modernen Gesellschaften. Doch trotz der gestiegenen öffentlichen Leistungen ist die Lebenswelt von Kindern äußerst eingeschränkt. Der dominierende Autoverkehr und die kommerzielle Nutzung von Flächen und Gebäuden lässt draußen kaum noch Platz für die Kinder. Die Arbeitswelt strukturiert das Leben der Erwachsenen so, dass Zeit für Kinder mühsam herausgeschnitten werden muss. Die wachsenden Umweltbelastungen machen das Leben der Kinder heute schon schwer und türmen unabsehbare Lasten für die Zukunft auf. In der dominierenden Wirtschaftswelt sind hoch qualifizierte, mobile, flexible Arbeitskräfte gefragt. In dieser Logik geraten Kinder nur insofern ins Blickfeld, als sie der angestrebten Chancengleichheit von Frauen auf dem Arbeitsmarkt im Wege sind. Als eigene soziale Gruppe, als Teil der Bevölkerung mit ihren Rechten, mit ihren besonderen Lebensbedingungen und Lebensansprüchen werden sie noch viel zu wenig wahrgenommen, wie die seit Jahren laufende Diskussion um die UN-Kinderkonvention zeigt. Kinder liegen mit ihren Eigenschaften und Bedürfnissen quer zu den dominierenden Werten der Erwerbsgesellschaft und gelten noch weithin als »Privatsache«, obwohl die Familien unter heutigen Bedingungen die Sorge und Zuständigkeit für Kinder immer weniger ohne gesellschaftliche Unterstützung leisten können.

Auf diesem Hintergrund ist es nicht verwunderlich, dass Einrichtungen für Kinder in den letzten Jahrzehnten erheblich an Bedeutung gewonnen haben. Kindereinrichtungen sind angesichts heutiger Lebensbedingungen von Kindern und Familien unverzichtbarer Bestandteil der lokalen Infrastruktur (Colberg-Schrader 1994). Dies ist inzwischen auch in Westdeutschland zumindest im Kindergartenbereich öffentlich akzeptiert, wie der nun inzwischen in Kraft getretene Rechtsanspruch auf einen Kindergartenplatz belegen kann. Dennoch, auch diese Entwicklung ist in merkwürdiger Weise von der Logik der Erwerbswelt bestimmt. Zwar war es die Bildungsreform der 70er Jahre, die den entscheidenden Anstoß zur Aufwertung des Kindergartens gegeben hat, der Rechtsanspruch konnte jedoch nicht aus bildungs- und kinderpolitischen Gründen bei der Reform des Jugendhilferechts durchgesetzt werden. Er wurde erst als Begleitmaßnahmen zum § 218 – also in einem frauenpolitischen Kontext – Teil des Gesetzes.

Es soll hier nun keineswegs ein Keil zwischen Fraueninteressen und Kinderinteressen getrieben werden, es soll aber betont werden, dass bei den Dynamiken unserer heutigen Gesellschaft, in der ökonomische Belange Priorität haben, zwar die *Betreuung* der Kinder zum öffentlichen Problem geworden ist, die *qualitative Gestaltung des Kinderlebens*, also Fragen von Erziehung und Bildung, sind derzeit kein öffentliches Thema. Ein Beispiel dafür sind die Auseinandersetzungen um die Realisierung des Rechtsanspruchs. Man hat den Eindruck, als ginge es lediglich um ein quantitatives Problem der Platzvermehrung. Stichtagsregelungen, Reduzierung von Betreuungszeiten, Aufstockung von Gruppengrößen sowie das Hintanstellen von Angeboten für andere Altersgruppen sind Notlösungen und Strategien der Mangelverwaltung, wie sie insbesondere in Regionen mit schlechter Versorgungslage anvisiert werden. Fragen nach den Auswirkungen solcher Planungen auf die Lebensbedingungen von Kindern, Fragen nach den Risiken und Gefährdungen von Kindern bei problematischen Notlösungen hört man kaum. Grundlegende Überlegungen dazu, wie institutionelles Kinderleben sozial und pädagogisch verantwortbar gestaltet werden kann, gehen bisher in der Diskussion um die rein formale Realisierung des Rechtsanspruchs unter.

## 3. Kinderleben zwischen Wohlstand und Armut

Wie leben nun die Kinder selbst?

Auch wenn Kinder in unserer Gesellschaft randständig sind, kann man jedoch nicht nur ein schwarzes Bild zeichnen. Den meisten Kindern in Deutschland geht es im Vergleich zu früheren Generationen, im Vergleich zu Kindern anderer europäischer Regionen und vor allem der Dritten Welt gut. Das wirtschaftliche Wachstum hat den allgemeinen Lebensstandard der Bevölkerung ständig steigen lassen. Die meisten Familien investieren viel, um ihren – allerdings weniger gewordenen – Kindern eine schöne Kindheit zu bieten.

Kinderleben ist bei der sozialen Vielfalt von Familienleben und den regionalen Unterschieden sehr breit gefächert. Der »Individualisierungsschub« hat auch die Kinder nicht ausgelassen. Kinder wachsen heute vorwiegend in kleinen Haushalten, oft auch ohne Geschwister auf. Ein Teil der Kinder lebt in Einelternfamilien. Vielfältige Lebensformen wie nichteheliche Gemeinschaften, Zweitfamilien, Wechsel von einer zur anderen Familienform gehören heute zur sozialen Wirklichkeit, die Kinder erleben und mit der sie sich arrangieren müssen. Viele Kinder wachsen in multikulturellen Zusammenhängen auf und machen früh die Erfahrung, dass es unterschiedliche Werte, Religionen und Lebensformen gibt. Typisch für jüngere Kinder in hoch entwickelten Industriegesellschaften ist, dass sie außerhalb der Familie kaum noch am sozialen Leben der Umgebung teilhaben können. Nachbarschaften haben zumeist an Funktionen verloren, die Erlebnisqualität des Nahbereichs hat sich mit dem Straßenverkehr und der Art der Bebauung reduziert, die Berufswelt ist für Kinder fremdes Terrain. Die geringere Zahl der Kinder und moderne Wohnformen haben gerade auch nachbarschaftliche Kindernetzwerke reduziert. Die industrialisierte Gesellschaft hat Kindern also viele traditionelle Einbindungen (wie die Geschwistergruppe, die Kinderclique in der Nachbarschaft) genommen, sie hat aber auf der anderen Seite neue Möglichkeiten und Freiräume geschaffen (wie z.B. erweiterte Angebote der Kinderkultur). Um aber die Chancen heutigen Kinderlebens zu nutzen, sind Kinder davon abhängig, ob sie Eltern haben, die ihnen soziale Kontakte erschließen und Angebote der Kinderkultur finanzieren können. Und sie müssen dabei selbst initiativ, kontaktfreudig und flexibel sein. Viele Kinder schaffen das hervorragend, andere tun sich schwer damit (Deutsches Jugendinstitut 1992).

Allerdings geht es nicht allen Kindern gut. Die Schere zwischen wohlhabenden und bedrückenden Lebensbedingungen von Kindern geht immer weiter auseinander. Viele Kinder werden durch familiäre Zeitprobleme und Konflikte, durch unsichere Arbeitslebensläufe der Eltern und erst recht durch Arbeitslosigkeit der Eltern belastet. So ist gerade das Armutsrisiko für Kinder in den letzten Jahren deutlich gestiegen. Wie die Armutsberichte aus einzelnen Großstädten, von einzelnen Wohlfahrtsverbänden und vom Deutschen Gewerkschaftsbund belegen, wächst die Zahl der Kinder, die in einkommensarmen Familien leben, wächst auch die Zahl der Kinder in Not und ohne geeignete Wohnung. Die Folgen dieser Entwicklung für die Lebensrealität und die Zukunftschancen der betroffenen Kinder sind bisher kaum absehbar. Von Armut, Arbeitslosigkeit und Sozialhilfeabhängigkeit sind insbesondere allein erziehende Mütter mit Kindern betroffen – eine Situation, die vor allem in den östlichen Bundesländern alarmierende Ausmaße erreicht hat.

In Wohngebieten mit engen und ärmlichen Wohnverhältnissen mangelt es häufig auch an Qualität für Kinder im Nahbereich: Parkplätze statt Grünflächen, zu wenig Spielplätze und unverbauter Streifraum, kaum Freizeitangebote. Untersuchungen zur regional unterschiedlichen sozialen Infrastruktur verweisen darauf, dass in schlecht situierten Wohngebieten auch die Versorgung mit Kindereinrichtungen ungünstiger ist (Bertram u.a. 1993). Während ein Teil der Kinder heute gut mit dem Freizeit- und Bildungsangebot der Kinderkultur zurechtkommt (und Eltern hat, die dies finanzieren können), gibt es daneben die Kinder, die ihr Potential nicht entfalten können: Kinder, die zu Hause nicht angeregt werden, eigenständige Interessen zu finden und Perspektiven für das eigene Leben zu entwickeln, und die bei der ungenügenden Versorgungslage auch keinen Zugang zu Kindereinrichtungen haben. Es entstehen völlig neue Linien der Chancenungleichheit, je nachdem ob Kinder Angebote der Jugendhilfe in Anspruch nehmen können oder nicht. Außerfamiliäre Erfahrungen sind inzwischen für die Kinder ein wichtiges Feld, um intellektuelle und psychosoziale Kompetenz zu entwickeln, »kulturelles Kapital« zu bilden.

## 4. Konsequenzen für Kindertageseinrichtungen

Familien mit Kindern sind in der Risikogesellschaft, in der sich alte Sicherheiten und Einbindungen auflösen, auf die Bereitstellung von sozialer Infrastruktur und von unterstützenden Netzwerken angewiesen. Es geht darum, die benötigten Ressourcen zur Alltagsbewältigung neu zu organisieren, »Soziales neu zu inszenieren« (Thiersch 1992, S. 37). Dies ist in unserem Land bisher keineswegs genügend eingelöst, die Familien werden bisher weit gehend damit allein gelassen, mit den neuen Anforderungen, Zeitmustern und Unvereinbarkeiten zurechtzukommen.

Einrichtungen für Kinder sind selbst ein Produkt der Moderne, sie sind gesellschaftliche Antworten auf die neu entstandenen Lebensverhältnisse. Wie unzureichend diese Unterstützungsleistung für Kinder und Familien insbesondere in Westdeutschland noch ist, kann die Kontroverse um die Realisierung des Rechtsanspruchs auf einen Kindergartenplatz deutlich machen. Noch problematischer als im Kindergartenbereich ist das völlig unzureichende Angebot für Kinder unter drei Jahren und für Kinder im Schulalter. Die unzureichende soziale Infrastruktur erschwert den Alltag der Eltern und bedeutet für Kinder unübersehbare Risiken und verpasste Chancen.

### *Vielfältige Lebensformen erfordern vielfältigere Angebote der Kindereinrichtungen*

Auch die vorhandenen Einrichtungen gehen oft am Bedarf vorbei. So sind die typischen westdeutschen Kindergärten in ihrer Organisationsform auf ein Familienbild orientiert, in dem ein Elternteil voll für das Kind zu Verfügung steht – eine Organisationsform, die mit der Realität des Familienlebens wenig zu tun hat und derzeit zu massiven Belastungen der Eltern beiträgt. Auch das Bild von Problemlagen und prekären Lebenssituationen, das immer noch den Ganztagseinrichtungen, Krippen und Horten zugrunde liegt und deren Platzvergabepraxis mangelbedingt strukturiert, geht an heutigen Lebensrealitäten vorbei. Die Erwerbstätigkeit von Müttern kann sicher nicht mehr als Notsituation verstanden werden. Auch lassen sich Problemlagen nicht mehr eindeutig kategorisieren und Randgruppen zuordnen, sie können in der sich individualisierenden Gesellschaft jeden treffen, sie sind – wie die neuere Armutsforschung zeigt – oft auch als zeitlich befristete Lebenslage zu beobachten (Leibfried/Leisering 1995).

Die Aufgabe von Kindertageseinrichtungen ist es heute, sich auf sehr unterschiedliche Lebensbedingungen von Kindern und Familien einzustellen und mit Blick auf die sich verändernden Bedarfslagen neue Praxisformen zu entwickeln, die sowohl den Kindern stabile und förderliche Lebenswelten sichern wie auch verlässliche Dienstleistungen für die Familien sind. Mit dieser Aufgabe, nämlich sich – offen für neue Praxisformen – in die sich verändernden Verhältnisse einzuklinken und lokal passende Angebotsprofile zu entwickeln, stehen auch die Mitarbeiterinnen von Einrichtungen in den typischen Anforderungen, Widersprüchen und Konflikten der Moderne: Sie müssen sich auf Planungs- und Aushandelsprozesse einlassen, Entscheidungen treffen, Prioritäten setzen, ohne dass es dafür klare Vorschriften und Leitfäden gibt, und mit der Gewissheit, dass sie keine perfekten, allen gerecht werdenden Lösungen finden können.

Zum Beispiel beschäftigt die Frage nach angemessenen Öffnungszeiten die Kindergartenszene schon lange. Ergebnisse der Elternbefragung im Projekt »Orte für Kinder« (Deutsches Jugendinstitut 1994) machen deutlich, wie groß die Kluft zwischen Lebensmustern der Familien und Zeitstrukturen der Einrichtungen manchmal ist. So richten sich die Betreuungswünsche sehr stark auf flexiblere Besuchsmöglichkeiten und auf veränderte Öffnungszeiten: Ganztagsangebote, erweiterte Vormittagszeiten, Angebote über Mittag sowie auch verlängerte Öffnungszeiten am Abend werden je nach unterschiedlichen familiären Zeitabläufen gewünscht. Auffällig war, dass ein Teil der befragten Mütter die Wochenarbeitszeit nicht auf fünf Tage verteilt, sondern auf drei oder zwei Tage in der Woche, an denen sie dann ganztags erwerbstätig sind. Die aus dieser Zeitorganisation resultierenden Betreuungswünsche gehen an den bisherigen Zeitstrukturen und auch dem Selbstverständnis der Kindereinrichtungen völlig vorbei. Lediglich Selbsthilfeeinrichtungen und Mütterzentren sind bisher auf solche flexiblen Angebotsformen eingestellt. Die aktuellen Diskussionen um flexiblere Arbeitszeiten in der Industrie sind ein Vorgeschmack darauf, was hier noch auf Kindereinrichtungen zukommt. Es wird noch einiges an Auseinandersetzungen darüber geben, wieweit Einrichtungen familiäre Lebensbedingungen berücksichtigen müssen – aber auch darüber, was Kindern zugemutet werden kann und wo Grenzen ihrer »Flexibilität« gesetzt werden müssen.

Auch die Altersspanne in den Einrichtungen wird neu diskutiert. Im Achten Jugendbericht wurde noch moniert, dass die Finanzierungsregelungen der Länder nur für Kinder im

Kindergartenalter gelten. Hier ist inzwischen einiges in Bewegung geraten: Neue Richtlinien und Bezuschussungsregelungen in einigen Bundesländern erlauben erste Schritte zur Erweiterung des Angebots. Eltern sind – wie die Elternbefragung des Projekts »Orte für Kinder« zeigt – daran interessiert, möglichst in Wohnungsnähe auch ein Angebot für Kinder unter drei Jahren sowie für Schulkinder zu haben, wobei die konkreten Formen, die jeweils gewünscht werden, sehr stark nach Lebenssituation der Familien und nach der sonstigen regionalen Ausstattung differieren. Für Kinder unter drei Jahren werden zum Teil regelmäßige Betreuungsplätze, zum Teil aber auch nur gelegentliche Betreuungsangebote, Spielgruppen oder Mutter-Kind-Angebote gewünscht. Auch bei den Schulkindern ist der Bedarf je nach Wohngebiet sehr differenziert. Es werden teils Plätze in Horten und Ganztagsschulen gebraucht, teils aber auch eher offene Freizeitangebote und verlässliche Anlaufstellen gewünscht. Hier sind es – wie einschlägige Untersuchungen zeigen (Deutsches Jugendinstitut 1992) – auch die Kinder selbst, die mehr Bewegungsfreiheit und eigenständige Freizeitgestaltung wünschen. Je älter die Kinder sind, desto souveräner gehen sie mit den Angeboten von Institutionen, Vereinen und Anbietern der Kinderkultur je nach Interesse um und lassen sich ungern in das Korsett einer Ganztagsversorgung durch eine Institution zwängen. Gerade dieser Aspekt, dass man beim Ausbau von Institutionen auch das Risiko von zu viel Betreuung wahrnehmen muss, um Kindern Raum für eigenständiges Kinderleben zu lassen, und dass man das Insgesamt der Möglichkeiten für Kinder am Ort und nicht nur die eigene Einrichtung sehen muss, ist eine Planungsdimension, die in der bisherigen Institutionenlogik schwer fällt.

Die Beispiele zeigen, bei der real existierenden Vielfalt familiärer Lebensformen und regionaler Ausstattung lässt sich ein bedarfsgerechtes Angebot – wie es das Kinder- und Jugendhilfegesetz (KJHG) fordert – nicht mit durchschnittlichen Versorgungsquoten planen, sondern es muss jeweils konkret vor Ort in Kooperation mit anderen Instanzen geplant, ausgehandelt und abgestimmt werden.

*Kindereinrichtungen haben wichtige Bildungsaufgaben*

Die Aufgabe der pädagogischen Fachszene ist es, bei diesen Prozessen zur Gestaltung des lokalen Angebots den Bildungsauftrag von Kindereinrichtungen, der in der öffentlichen Diskussion der letzten Jahre weggerutscht ist, wieder stärker zu thematisieren. Bei den gewaltigen Umbrüchen in der Arbeitswelt und bei der rasch voranschreitenden Globalisierung von Wirtschaft und Politik wird mit Besorgnis die Wettbewerbsfähigkeit des Standorts Deutschland beschworen. Es muss deutlich werden, dass der Standort Deutschland nicht zuletzt auch von den Qualifizierungschancen der nachwachsenden Generation bestimmt wird. Fragen nach deren Chancen, in der sich schnell wandelnden Gesellschaft zu bestehen und sich trotz Widrigkeiten aktiv an der Gestaltung ihrer Lebensräume zu beteiligen, sind also überfällig. Gerade nun, wo der Rechtsanspruch durchgesetzt ist, sollte sich die Fachdiskussion nicht im Feilschen um Notprogramme bei der Realisierung des Rechtsanspruchs verzetteln, sondern es sollte eine grundlegende neue Bildungsdebatte in Gang gesetzt werden.

Mit Blick auf das Überleben in der Risikogesellschaft deuten sich wichtige Schlüsselqualifikationen an, die für die Bildungsprozesse in Kindereinrichtungen neu bedacht werden müssten.

- So ist eine bestmögliche Förderung des Lernvermögens der Kinder eine wichtige Ausstattung für ihr weiteres Leben. Kinder wachsen in eine Zukunft, die bei dem raschen gesellschaftlichen Wandel anders aussehen wird als unsere Gegenwart. Umweltprobleme, Veränderungen in der Arbeitswelt, Veränderungen des Altersaufbaus, Verteilungsprobleme zwischen armen und reichen Regionen werden die nachwachsende Generation vor Herausforderungen stellen, die wir heute in ihrer Tragweite nicht überblicken können. Absehbar ist aber, dass das Wissen um Zusammenhänge, die Fähigkeit, immer neu zu lernen, Dinge in verschiedener Weise zu sehen und alternative Lösungswege zu suchen, wichtige Voraussetzungen dafür sind, mit den Herausforderungen umzugehen. Die derzeitige Praxis hat mit Blick auf die Lernkultur in Kindertageseinrichtungen sicher noch manchen Weiterentwicklungsbedarf.

- Eine weitere Chance von Kindereinrichtungen: Hier können Mädchen und Jungen einen Alltag erleben, in dem sie als individuelle Persönlichkeiten wahrgenommen und gefördert werden, in dem ihre Initiative und ihre Entdeckungslust geschätzt und unterstützt werden und in dem sie lernen können, auch Verantwortung für sich und andere zu übernehmen. Im überschaubaren und mitgestalteten Alltag ihrer Einrichtung können die Kinder Lebensformen und Werthaltungen jenseits der Verführungen von Supermarkt und Fernsehen erleben und einen ressourcenschonenden Umgang mit der Umwelt in vielfältiger Weise einüben.
- Eine zentrale Bildungsfunktion des Kindergartens liegt darin, Kindern die Fähigkeit, Kontakte zu knüpfen und befriedigende Beziehungen zu leben, zu vermitteln. Hier bietet die Kindergruppe besondere Chancen: Im Spiel lernen Kinder, Partner zu gewinnen, sich mit ihnen auf gemeinsame Ziele zu verständigen, Argumente auszutauschen, Konflikte zu lösen, Kompromisse einzugehen, Regeln aufzustellen und zu respektieren, ein Verständnis dafür zu entwickeln, was gerecht und fair ist und wo Rechte von anderen respektiert werden müssen. In solchen Spielräumen erarbeitet sich das Kind die Voraussetzungen, die es braucht, um Beziehungen zu anderen Menschen aufzubauen und lebendig zu halten – eine Fähigkeit, die gerade in der modernen Gesellschaft überlebenswichtig ist.

Dass Kinder in Kindereinrichtungen bestmöglich gefördert werden und Fähigkeiten entfalten, die für das Leben in der

Moderne wichtig sind, hängt allerdings ganz wesentlich davon ab, ob die Einrichtungen auch von entsprechender Qualität sind. Dies ist nun keineswegs selbstverständlich, schon bisher ist die Qualität der Einrichtungen sehr unterschiedlich, und wenn man die Planungen rund um die Realisierung des Rechtsanspruchs auf einen Kindergarten verfolgt, dann steht zu befürchten, dass wir auf der einen Seite ein reichhaltiges Bildungsangebot für Kinder, deren Eltern sich dies leisten können, und auf der anderen Seite minimal ausgestattete Betreuungsformen für den weniger zahlungskräftigen Rest der Bevölkerung haben. Wenn keine soliden Finanzierungskonzepte für die regional angemessene Gestaltung des Angebots entwickelt werden, lässt sich die Entwicklung einer solchen Zweiklassen-Kinderbetreuungsszene kaum vermeiden – mit der Folge, dass die Risiken für die betroffenen Kinder massiv steigen, denn zu kurz kämen dann ja gerade die Kinder, die auch in ihrer familiären Situation und in der Ausstattung ihres Wohngebiets benachteiligt sind. Wenn die Gesellschaft derzeit dabei ist, mit dem Ausbau von Kindereinrichtungen die Erziehung von Kindern zwischen privater und öffentlicher Zuständigkeit neu zu organisieren, dann müssen auch die erforderlichen Rahmenbedingungen dafür geschaffen werden, damit die nachwachsende Generation eine tragfähige Lebensperspektive entwickeln und Handlungskompetenzen herausbilden kann.

## 5. Kindereinrichtungen und Elternnetzwerke

Wenn auf der einen Seite beobachtet wird, dass die Menschen weniger in Familie und Herkunftsmilieu eingebunden sind, so zeigt sich auf der anderen Seite, dass sich viele Menschen neue Hilfsnetze und Zugehörigkeiten schaffen. Die wachsende Bedeutung von Freundeskreisen, von Selbsthilfegruppen und Bürgerinitiativen wird seit Jahren diskutiert.

Auch Kindertageseinrichtungen haben heute bei den dünner werdenden Verwandtschafts- und Nachbarschaftsnetzen immer mehr die Funktion, Kontakte zwischen Familien und so etwas wie eine neue Nachbarschaftskultur zu stiften. So ist bei der räumlichen Mobilität der Kindergarten für viele Eltern die erste öffentliche Einrichtung, in der sie mit anderen Familien in Kontakt kommen. Nicht selten bauen sich Eltern, ausgehend von Kindergartenkontakten, tragfähige Freundschaftsnetze auf, in denen sie sich in Sachen Elternschaft austauschen und gegenseitig behilflich sind. Die Ergebnisse der Elternbefragung im Projekt »Orte für Kinder« verweisen deutlich darauf, dass Eltern die Kindertagesstätte nicht nur als Lebensorte für ihre Kinder schätzen, sondern sie auch als Treffpunkt und Kommunikationsort für sich selbst wollen. Elterninitiativen kommen vermehrt auf Kindereinrichtungen zu und suchen hier Räume und Unterstützung für ihre Aktivitäten. Informelle Formen der Kinderbetreuung (wie Spielkreise, Babysitterdienste) werden an Kindergärten »angesiedelt« und finden dort Erfahrungsaustausch und fachliche Unterstützung.

Mütter wollen gegenwärtig also nicht nur Entlastung bei der Kinderbetreuung, sondern viele von ihnen suchen auch neue gemeinschaftliche Formen der Kinderbetreuung. Sie suchen auf diese Weise Möglichkeiten der sozialen Integration und öffentlichen Teilhabe und schaffen dabei so etwas wie Zwischenbereiche zwischen Erwerbsarbeit und Privatheit des eigenen Haushalts. Die so entstehende Elternöffentlichkeit und lebendige Nachbarschaftskultur kommt mit der Wiederbelebung des Nahbereichs auch den Kindern zugute, die neben dem zunehmenden Leben in Institutionen auch wieder ihre Zugehörigkeit und ihre Spielräume im Wohnumfeld entdecken können. Eine weitere Chance für Kinder liegt darin, dass die Elternnetzwerke rund um die Einrichtungen oft ein Forum bieten, in dem Elterninteressen gebündelt und in die lokale Politik gegeben werden können. Wenn Kinder in solchen Aktionen erleben, dass ihre Eltern und Erzieherinnen sich z.B. für Verkehrsberuhigung oder für Umweltfragen im

Wohnbereich engagieren, dann ist dies eine wichtige Chance, den Kindern Perspektiven für aktive Mitgestaltung im überschaubaren Umfeld und Werte und Handlungsmöglichkeiten, die quer zu Konsum, Verschwendung und Umweltbelastung liegen, glaubhaft zu vermitteln.

Aber so chancenreich all diese Aktivitäten sind, misstrauisch muss es machen, dass sowohl die Kindertageseinrichtungen wie auch die aktiv werdenden Elternnetzwerke nach wie vor eine *Domäne von Frauen* sind.

Welche Chancen, aber auch welche Risiken liegen in diesen Ansätzen? Wird die Arbeit in Kindereinrichtungen eine angemessene Professionalität entwickeln – auch wenn dies nicht kostenneutral zu haben ist? Was wird sich in Zukunft zwischen Erwerbsarbeit und Privatheit entwickeln, wenn – entgegen dem Mythos der Vollbeschäftigung – Erwerbsarbeit weiterhin knapp bleibt? Werden sich neue Lebensarbeitszeitmodelle etablieren können, die Männern und Frauen Zeit für Tätigkeiten im Zwischenbereich zwischen Erwerbsarbeit und Familie lassen? Wird sich ein breiteres Verständnis von gesellschaftlich notwendiger und bezahlter Arbeit entwickeln? Oder laufen die schönen Ansätze, wie sie derzeit in den Initiativen rund um die Kinderbetreuung erprobt werden, letztlich doch nur wieder darauf hinaus, die bisher übliche Arbeitsteilung von Männern und Frauen weiterzuführen, indem den Frauen nach altem Muster und nur in neuer Form solche Tätigkeiten alleine überlassen werden, die quer stehen zu den Erfolg versprechenden und eine eigenständige Existenz sichernden Prinzipien der traditionellen Erwerbswelt? Und mit dieser Skepsis bin ich wieder bei meiner Anfangsthese: »Mit Kindern zu leben ist eine Lebensform mit hohem individuellem Risiko.«

## Literatur

Beck, U.: Risikogesellschaft. Auf dem Weg in eine andere Moderne. Frankfurt a.M. 1986.

Beck, U.: Der Konflikt der zwei Modernen. Vom ökologischen und sozialen Umbau der Risikogesellschaft. In: Rauschenbach, Th./Gängler, H. (1992), S. 185–202.

Bertram, H./Bayer, H./Bauereiß, R.: Familienatlas: Lebenslagen und Regionen in Deutschland. Opladen 1993.

Bronfenbrenner, U.; »Universalien der Kindheit?« Interview m. Donata Elschenbroich. In: Deutsches Jugendinstitut (1993), S. 74–77.

Colberg-Schrader, H.: Einrichtungen für Kinder als unverzichtbarer Teil der sozialen Infrastruktur, in: Bäcker, G./Stock-Willig, B. (Hrsg.): Kind, Beruf, soziale Sicherung. Zukunftsausgabe des Sozialstaats. Köln 1994, S. 155–176.

Deutsches Jugendinstitut (Hrsg.): Was tun Kinder am Nachmittag? Ergebnisse einer empirischen Studie zur mittleren Kindheit. Weinheim 1992.

Deutsches Jugendinstitut (Hrsg.): Was für Kinder. Aufwachsen in Deutschland. München 1993.

Deutsches Jugendinstitut (Hrsg.): Orte für Kinder. Auf der Suche nach neuen Wegen in der Kinderbetreuung. Weinheim 1994.

Erler, G. u.a.: Kind? Beruf? Oder beides? Eine repräsentative Studie über die Lebenssituation und Lebensplanung junger Paare zwischen 18 und 33 Jahren in der Bundesrepublik Deutschland. Hamburg/München 1988.

Hurrelmann, K.: Was bedeutet die UN-Kinderrechtskonvention für Kinder in Deutschland? In: Forum Jugendhilfe, AGJ-Mitteilungen, Heft 3/1995, S. 32–37.

Keupp, H.: Verunsicherungen. Risiken und Chancen des Subjekts in der Postmoderne. In: Rauschenbach, Th./Gängler, H. (1992), S. 165–184.

Leibfried, S./Leisering, L.: Die vielen Gesichter der Armut. In: Hans Thiersch zum 60. Geburtstag. In: Neue Praxis 3/1995, S. 302–305.

Rauschenbach, Th.: Soziale Arbeit und soziales Risiko. In: Rauschenbach, Th./Gängler, H. (1992), S. 25–60.

Rauschenbach, Th./Gängler, H. (Hrsg.): Soziale Arbeit und Erziehung in der Risikogesellschaft. Neuwied/Kriftel/Berlin 1992.

Thiersch, H.: Schon wieder – und noch einmal – alltagsorientierte Sozialpädagogik. In: Otto, H. U. u.a. (Hrsg.): Zeit-Zeichen sozialer Arbeit. Neuwied 1992, S. 33–41.

*Marianne Krug*

# Kindertageseinrichtungen der Neunzigerjahre

*Riskanter Normalkonsum oder Chance zum reichhaltigen Leben?*

Ulrich Beck, der den Begriff der »Risikogesellschaft« prägte (1986), warnte in einem Spiegel-Essay (1994) einmal recht deutlich vor einem allzu inflationären Gebrauch des Begriffes »Risiko«: Er dürfe nicht verkommen zu einer Ausrede für eine Tatenlosigkeit, die aus der »Angst vor der Freiheit« (so der Titel seines Artikels) resultieren könne:

*»Je mehr die Menschen nach Risiken fragen, desto mehr sehen sie. Je mehr Risiken sie aber sehen, desto mehr wird ihr Handeln blockiert. Denn Risiken sagen, wie wir nicht handeln sollen, sie sagen aber nicht, wie wir handeln sollen. Am Ende wird alles riskant – Handeln ebenso wie Nichthandeln, Reden ebenso wie Schweigen, selbstverständlich auch das Aufwerfen von Risiken, und der Horizont verfinstert sich.«*

Und spöttisch fügt er an:

*»Inzwischen ist fast alles zum Risiko geworden – Fleisch, Müsli, Salat, Sonnenbaden, Kernkraftwerke und das Abschalten derselben, Ehen und Aquaplaning sowieso …«*

Andernorts (Beck 1986) schreibt er: *»Gefahren werden zu blinden Passagieren des Normalkonsums«.*

Staat und Gesellschaft würden bei den durch Risiken und manifeste Gefahren erschreckten Deutschen verkommen zu gigantischen *»Risikovermeidungsmaschinen«*, so Beck in seinem Spiegel-Essay, und er mahnt einen Aufbruch in eine *»andere Moderne«* an, eine, die sich der Fallhöhen individueller Lebensführung bewusst ist, aber trotzdem bereit ist, selbstverständlich vor Ort neue – und zwar buntere – Lösungen zu erfinden.

In einer Gesellschaft, in der dauerhafte verbindliche Sozialbeziehungen immer weniger zur kalkulierbaren sozialen Naherfahrung gehören und Instabilität *»zu einer Normalerfahrung in der Biographie und Sozialisation von Kindern und Jugendlichen«* wird (Rauschenbach 1992, S. 55), werden Menschen (und wohl auch schon die Heranwachsenden) im jüngsten Alter zu den *»sozialen Baumeistern ihrer eigenen Lebenswelten und sozialen Netze«* (Keupp 1992, S. 176). Allerdings ist schon fraglich, ob die heutigen Kinder in ihren Primärbeziehungen überhaupt noch genügend Lernmöglichkeiten haben, um diese äußerst anspruchsvolle Anforderung an ihre soziale und kommunikative Kompetenz im Verhalten herausbilden.

Die sozialpädagogischen Einrichtungen, die Eltern in ihren vielfältigen Rollenverpflichtungen entlasten und für die Heranwachsenden reichhaltige, förderliche Lebenswelten darstellen sollen, werden so zu notwendigen Produzenten einer »inszenierten Solidarität« (Rauschenbach 1992). Die Angebote der Jugendhilfe richten sich dann nicht mehr nur an bestimmte »Problemgruppen«, sondern werden für alle Heranwachsenden nötig, um bestimmte Begegnungen, Beziehungen und Umwelterfahrungen überhaupt erst zu ermöglichen. An der Entwicklung unserer Kindertageseinrichtungen und insbesondere an der Tatsache des Rechtsanspruches auf einen Kindergartenplatz können wir dies deutlich ablesen.

Und damit wären wir schon bei der Ambivalenz, die ein Nachdenken über sozialpädagogische Einrichtungen zwangsläufig begleiten muss: Wir brauchen sie, und gleichzeitig stellen sie ein Indiz dafür dar, dass es in der Gesellschaft nicht mehr gelingt, das eigentlich »Natürliche«, nämlich gelingende Gemeinschaftsbeziehungen zwischen den Generationen, sicherzustellen. Und zwangsläufig nehmen wir in Kauf, dass durch diese sozialstaatliche Absicherung des Normalen manches im Aufwachsen unserer Kinder anders, gewissermaßen standardisierter, warenförmiger, jobmäßiger wird.

In der komprimierten Soziologensprache Rauschenbachs heißt dies:

*»Das hat zweifellos Vor- und Nachteile. Während die Vorteile unbestrittenermaßen in einer höheren* Verteilungsgerechtigkeit *und* Erwartbarkeit *der sozialen und pädagogischen Dienstleistungsangebote liegen, müssen die Nachteile in den Zwängen und der Eigenlogik der öffentlichen und* beruflichen *Erbringung dieser Dienste gesehen werden: in einer tendenziellen Anonymisierung der Klientenbeziehungen, in der mangelnden zeitlichen und räumlichen Synchronität von Angebot und Nachfrage, in der Spezialisierung und fehlenden Verkoppelung von Hilfsangeboten (Beratung in Institution A, Therapie im Zentrum B und Sachhilfen in Behörde C), in der relativen Diskontinuität der zugrunde liegenden Beziehungen, in einem wachsenden Abstand zwischen Betroffenen- und Expertenwissen oder etwa in der Verringerung freundschaftlich-spontaner Hilfsbereitschaft (aufgrund der individuell entlastenden und damit solidaritätsmindernden Wirkung der organisierten Hilfe) sowie in dem Verlust von Nähe, Dauerhaftigkeit und ›zeitinvarianter Reziprozität‹ von Nehmen und Geben« (Rauschenbach 1992, S. 49, auch in diesem Band;* Hervorheb. im Orig.*)*[1]

Öffentlich organisierte soziale Arbeit, also auch diejenige in Kindertageseinrichtungen, unterliege deshalb immer schon – ungeachtet der jeweiligen Konzeptionen und personellen Ausgestaltung – recht zwiespältigen Tendenzen zur »Sequenzialisierung, Temporalisierung, Partikularisierung, Diskontinuität und Spezialisierung«, so Rauschenbach und mit ihm eine Reihe anderer kritischer Betrachter der Praxisfelder.

1 Rauschenbach, in diesem Band, S. 70f. (Im Zitat wurden verschiedene von Rauschenbach aufgenommene Literaturverweise nicht abgedruckt.)

Also müssen wir uns wohl doch die Frage gefallen lassen: *Sind Kindertageseinrichtungen auch ein Risiko ...?*

Jedoch: Ist es heute überhaupt angebracht, diese Frage zu stellen, wo es gerade um die Schaffung von mehreren Hunderttausenden zusätzlicher Plätze geht, allein schon um dem Rechtsanspruch auf einen Kindergartenplatz Genüge zu tun (von Plätzen für 0- bis 3-jährige und für Schulkinder sowie von anderen wichtigen Angeboten für Kinder ganz zu schweigen)? Wissen wir nicht allzu gut, dass es gute und schlechte Kindertageseinrichtungen gibt und dass im aktuellen Druck des Platzausbaus in Qualität auf der Strecke bleiben kann, was wir gewiss ebenso als Risiko für die nachwachsende Generation werten müssen wie das Fehlen von Plätzen überhaupt? Würden nicht viele allzu bereitwillig aufhorchen, wenn wir, die FachvertreterInnen der Kindertageseinrichtungen selbst, diese nun unter Risikogesichtspunkten anschauen? Werden Finanzminister und Kämmerer dann nicht umso eher fragen, ob man denn überhaupt noch mehr solcher Einrichtungen schaffen müsse, zumal der »Kinderberg« womöglich bald überwunden sei und die Mütter und Großmütter angesichts immer knapper werdender Arbeitsplätze und eines inzwischen notdürftig steuer- und rentenrechtlich abgesicherten Mindesteinkommens von Familien nun doch wieder eher zu Hause unbezahlt arbeiten könnten ...??

Ich denke, es lohnt sehr wohl, darüber nachzudenken, wo Kindertageseinrichtungen ein Risikofaktor für das Heranwachsen von Kindern sein können, nicht um sie abzuschaffen oder um sich mit abgespeckten Sparmodellen (Doppelbelegung von Kindergartenplätzen und sog. »kindergartenähnliche Formen« als Beispiele) abzufinden oder gar um Kindertagesstätten mit dem eigenen geliebten Kind aus dem Wege zu gehen (vgl. Seifert 1995), sondern um sie besser zu machen, um die erreichte Qualität zu verteidigen und sie weiterzuentwickeln. Dass dies nötig ist, wissen alle, die derzeit in ihrer Praxis mit Ausführungsbestimmungen zur »Deregulierung« konfrontiert sind. Allerdings mangelt es leider mitunter auch den pädagogischen Fachkräften selbst an einem geschärften Bewusstsein für Qualität in der öffentlichen Erziehung von Kindern: Sie verpassen z.B. Zeitpunkte wirksamer Öffentlichkeitsarbeit, geben Qualitätsstandards ab (z.B. bei den Verfügungszeiten), um ihre privaten Vereinbarkeitswünsche durchzusetzen, verweilen im typisch weiblichen Schmollwinkel, anstatt sich in die (Kommunal- und Träger-)Politik einzumischen und für qualitätssichernde Rahmenbedingungen für sich und die Kinder einzutreten.

Die *Rede vom »Risiko Kindertageseinrichtung«*, also der Blick darauf, was hier an – womöglich auf den ersten Blick gar nicht sichtbaren – Gefahren, an »Umschlag von Normalität in Absurdität«, liegen kann (wie es Beck 1986, S. 10, einmal formuliert hat), ist insbesondere *dann angebracht, wenn dieses institutionelle Angebot für nahezu alle Kinder zum selbstverständlichen Bestandteil ihres Heranwachsens wird* und wenn die Zahl der MitarbeiterInnen immer mehr ansteigt, ohne dass ihnen bereits die geeigneten Qualifizierungswege und Professionalitätsvorstellungen zur Verfügung stünden.

**Auf drei Ebenen sehe ich mögliche Risiken.**

Diese drei Ebenen stellen gewissermaßen drei Stufen gesellschaftlicher Modernisierung im Verhältnis Familie – Kindertageseinrichtungen dar:

1. das Problem, wie viel an öffentlicher Erziehung überhaupt sein darf (also das Risiko von zu viel institutioneller Erziehung),
2. das Problem der Passung zwischen öffentlichem Erziehungsangebot und familiären Lebenslagen (also das Risiko des falschen Angebotes),
3. die Frage nach den Begrenzungen beruflich inszenierter Sozialisation (also das Risiko, mit dem institutionellen Angebot die Gegenwart und die Zukunft zu verfehlen).

Allerdings verhält es sich so, dass alte, scheinbar längst beantwortete Fragen gleichsam im neuen Gewand wieder auftauchen, obwohl bereits auf neuere Fragen Antworten gefunden werden müssen und obwohl am Horizont derjenigen Moderne, die nach der Moderne (»Postmoderne«) unser Problemlösungsvermögen beanspruchen wird[1] schon wieder andere Bedenken in Bezug auf Kindertageseinrichtungen auftauchen.

## *Zu 1.: Familienpolitischer Konservativismus und Kritik an der öffentlichen Erziehung*

Erinnern wir uns an die alten Bedenken aus den Sechzigerjahren, wo gefragt wurde: Wie viel Fremdbetreuung vertragen kleine Kinder überhaupt ohne nachhaltige Schädigungen? Erinnert sei hier auch an die »Feldzüge« von Kinderärzten gegen Krippen, Tagesmütter und Ganztagskindergärten, an Fragen nach drohendem Hospitalismus und verfrühten Infektionsrisiken, an Bedenken, dass der Individualität des einzelnen Kindes in einer Großgruppe nicht genügend entsprochen werden könne, auch dass die sinnvolle entwicklungsangemessene Förderung nicht effektiv genug erfolgen könne. – Immer wieder ging es bei diesen Bedenken gegen Kindertageseinrichtungen um dasselbe Muster: Einer noch kaum in ihren Konzepten und institutionellen Formen gefestigten öffentlichen Erziehung wurde damals die Beschwörung der heilen Familie entgegengesetzt, die aus sich selbst heraus in der Lage sei, das optimale Aufwachsen von Kindern zu garantieren. Die meisten Einwände von dieser Seite konnten schließlich widerlegt werden; jedoch gibt es schlüssige Argumente dagegen eben auch nur,

1 Auf diese für sozialpädagogische Arbeit typische »Ungleichzeitigkeit«, in der frühere Fragen wieder auftauchen und Problemstellungen eines neuen soziologischen Horizontes gleichermaßen eine angemessene Reaktion ganz anderer Art verlangen, verweist Ulrich Beck in seinem Aufsatz: *Der Konflikt der zwei Modernen. In: Rauschenbach/Gängler (1992), S. 186–202.*

wenn Kindertageseinrichtungen gut arbeiten und eine befriedigende intensive Zusammenarbeit mit den Elternhäusern klappt.

Die schlüssigsten Gegenargumente indes lieferte allerdings die Realität selbst, die in Tausenden von Einzelschicksalen zeigte, dass Familien eben nicht mehr aus eigener Kraft allen Anforderungen und Unwägbarkeiten des Lebens mit Kindern gewachsen sind: Die Zahl allein erziehender Eltern nahm ebenso wie die der Doppelverdiener zu, Betreuungslücken gehörten zum familiären Alltag wie zu enge Wohnungen, unwirtliche Städte und die Einsicht, dass viele Kinder zu wenige Gelegenheiten zum sozialen Lernen unter Gleichaltrigen hatten. – So gewöhnten sich nicht nur die Kinderärzte und konservativen Familienverbände an die familienergänzende öffentliche Erziehung von Kindern, sondern vor allem die Familien selbst, aber auch die Arbeitgeber und die Arbeitsverwaltung. – Eltern, die heute einen Kindergartenplatz »haben«, gelten nun als vermittelbar und »entlastet« …

Trotzdem: Die Frage, wie viel Institution kleine Kinder vertragen und wie viel an Elternmitverantwortung und -mitbestimmung dabei unbedingt gewährleistet sein sollte, blieb hartnäckig bestehen. Nicht zuletzt zeigen die kritischen Anfragen der letzten Jahre an die damalige Realität und den Zusammenbruch der öffentlichen (Kleinkind-)Erziehung des Staates DDR, die seit der Wende von ostdeutschen Eltern und vor allem von den dortigen Pädagoginnen selbst gestellt werden (vgl. Krug/Pelzer 1995), ihre Aktualität.

Und ganz beunruhigend wird die Frage nach dem Wieviel an öffentlicher Erziehung, wenn wir düsteren Zukunftsprognosen folgen, die da sagen, dass sich die Schere zwischen qualitativ anspruchsvollen privat finanzierten Einrichtungen und dem Gros der üblichen öffentlichen Masseneinrichtungen mit ihren Mindeststandards immer mehr öffnen wird …

### *Zu 2.: Mangelnde Passung von institutionellen Angeboten und Lebenswelt*

Auf diese zweite (die klassisch sozialpolitische) Ebene von Fragen nach der Risikohaftigkeit unserer institutionellen Angebote für Kinder gehören all jene Fragen nach der Chancengerechtigkeit:

- Welches Armutsrisiko besteht für ein Kind, wenn seine allein erziehende Mutter aufgrund unpassender Öffnungszeiten der Einrichtung eine bestimmte Erwerbstätigkeit nicht annehmen kann?
- Welches Risiko beinhaltet etwa eine Verteuerung des Mittagsessens im Hort?
- Welches Risiko liegt in einer phantasielosen Elternarbeit in einer Tagesstätte, die zwar ungewollt, aber nicht minder effektiv bestimmte Eltern ausgrenzt?
- Welchen Lebenslagen wird etwa ein Landkindergarten gerecht, der immer noch davon ausgeht, alle Kinder lebten in funktionierenden örtlichen Verwandtschaftsnetzen?
- Wie weit dürfen Wege zur Kindertagesstätte sein?
- Wie viele Plätze sind zu Beginn eines Schuljahres für Notfälle während des Jahres freizuhalten?
- Was ist mit dem muslimischen Kind, das jeden Tag aufs Neue zum Weltenspringer zwischen Kulturen wird, ohne dafür entsprechende Hilfen zu erhalten?
- Welche Betreuungskarriere haben manche Kinder hinter sich, bis sie erst einmal in eine Kindertageseinrichtung kommen?
- Welcher bürokratischer Hürdenlauf ist zurückzulegen, bis Eltern Kindergarten- oder Hortbeiträge nach § 27 KJHG übernommen bekommen?
- An wie viele Stellen muss sich eine Mutter wenden und auf wie viele Widersprüchlichkeiten wird sie stoßen, wenn sie von der Erzieherin darauf aufmerksam gemacht wurde, dass ihr Kind einer speziellen Sprachförderung bedarf?

Fragen wie diese verweisen darauf, dass es nicht genügt, irgendein standardisiertes Regelangebot zu unterhalten, um ausreichende Platzzahlen nachweisen zu können, sondern dass Angebote auf individuelle Lebenslagen und damit Risiken der jeweiligen Kinder und Eltern zurechtgeschneidert werden müssen, um das Attribut »familienergänzend« zu verdienen.

### *Zu 3.: Institutionenförmige Sozialisationsbotschaften – angemessene Botschaften für Kinder von heute?*

In der Fachliteratur werden unter dem Stichwort »Risikolage Kindheit« immer wieder bestimmte Rahmenbedingungen benannt. Rauschenbach charakterisiert sie zusammenfassend mit dem Begriff »organisierte Kindheit« und scheint über der Vielzahl der neuartigen, »postmodernen« Risiken beinahe die manifesten Gefahren des Kinderlebens in der hoch technologisierten Leistungs- und Konkurrenzgesellschaft (Armut, Gewalt, Intoxikation, Verkehrsunfälle) zu vergessen, sodass ich mich manchmal schon frage, ob er nur die gestressten Mittelschichtkinder seines Umfeldes vor Augen hat. Zu Risiken zählen für ihn:

*»... die ›Verinselung der Kindheit‹, also die raumunabhängige Inszenierung des heutigen Kinderlebens, die gleichzeitige Intimisierung von Kindheit, deren emotionale Aufgeladenheit, die Abnahme alltags- und sozialräumlich integrierter Gleichaltrigenbeziehungen und die Zunahme vertikaler, bisweilen beruflich organisierter Erwachsenenbezüge, die zunehmende Normalerfahrung öffentlicher Erziehung, die psychosozialen ›Kosten‹ misslungener familialer Kommunikation oder die qualitätsbezogenen Ungewissheiten öffentlicher Erziehung ...« (Rauschenbach 1992, S. 54, auch in diesem Band).*

Zu fragen bliebe, ob eine solchermaßen weite Definition von Risiken nicht letzten Endes bei der platten Aussage landet, dass Leben eben immer lebensgefährlich sei, besonders bei Kindern. – Vielleicht sollten wir im Blick auf unsere Tageseinrichtungen für Kinder eher doch zutreffender von *»riskanten Chancen«* (Keupp 1992, S. 181) sprechen und nicht gleich alles infrage stellen (zumal Auswege für die Kinder nicht in Sicht sind).

Trotzdem ist die Frage angebracht: Welches Beigepäck hat diese »inszenierte Solidaritätsproduktion« in unseren mehr oder weniger aufwendig bezuschussten Kindertageseinrichtungen mit ihren festen Betreuungszeiten, ihren typisch inselhaften Gebäuden, ihren mehr oder minder motivierten BerufserzieherInnen, mit ihren Alltagsabläufen mit und ohne Highlights und ihren mehr oder weniger konzeptfundierten pädagogischen Programmen?

Nach »riskanten Chancen« für Kinder auf dieser Ebene zu fragen hieße danach zu fragen, welche Botschaften Kinder hier über sich und die Welt erhalten und ob ihnen diese Botschaften helfen werden, heute und in Zukunft mit ihrer Welt zurechtzukommen. Gefragt ist also wieder einmal nach dem »heimlichen Lehrplan«[1], der in – zweifelsohne oft unfreiwilligen – Botschaften an die Kinder steckt und der durchaus für diese Erwachsenen von 2020 riskant sein könnte, womöglich sogar heute bereits riskant ist.

Botschaften wie die folgenden müssten uns eigentlich beunruhigen:

Du, Kind, erfährst, dass manche dich und deinesgleichen als eine zu bewältigende Masse wahrnehmen und dass andere über die Kosten, die du und deinesgleichen verursachen, stöhnen.

Du erfährst wenig über die Realität produktiver Arbeit und bewegst dich meist in zubereiteten Räumen, die deine Kinderrealität sind.

1 Die Diskussion um das *hidden curriculum* wurde in Deutschland zum ersten Mal aufgeworfen durch das Themenheft: *Der heimliche Lehrplan.* In: betrifft: erziehung 1973 (5).

Du lernst, Dienstleistungen zu konsumieren und dich möglichst reibungslos in einen vorgegebenen Plan einzuordnen (auch den »offenen Plan« des Immerkreativkein-Müssens ...).

Du wirst abgehalten von der Begegnung mit Menschen anderer Generationen und brauchst eigentlich kaum mehr zu lernen, dass es schonungsbedürftige (z.B. ältere, behinderte, nicht gesunde) Menschen rund um dich herum gibt.

Du gewöhnst dich daran, dass speziell ausgebildete, tatkräftige, aber nicht gerade hoch angesehene Frauen für dich und deinesgleichen tätig sind.

Du gewöhnst dich an eine überwiegende Feminisierung und Ferne von Männern im (organisierten) Kinderleben.

Du sollst dich abfinden mit dem, was in der Einrichtung und in ihren wenigen Extraunternehmungen draußen geschieht, und solltest ansonsten möglichst umweltabstinent sein.

Du sollst problemlos transportabel sein.

Du sollst möglichst nur dann ein Bedürfnis nach Ruhe und Intimität äußern, wenn die dir am nächsten stehenden Erwachsenen gerade Zeit haben und ebenso danach aufgelegt sind.

Du sollst möglichst das Beste machen aus den vielfältigen Anregungen, Sozialkontakten, Rahmenbedingungen, die alle möglichen Menschen dir jeden Tag bieten, sollst selbstständig auswählen und dich über manches Doppeldeutige und Verunsichernde hinwegsetzen ... usw.

Solche institutionellen Botschaften an Kinder vergegenwärtigen wir Erwachsene uns nur selten. Sie verweisen auf strukturelle Barrieren des Sozialisationsfeldes Kindertageseinrichtung, die sich realistischerweise nicht durch Detailkorrekturen am institutionellen Arrangement und am Programm wegräumen lassen.

Vielmehr geht es darum, dass sich Kindertageseinrichtungen grundsätzlich offener halten für Weiterentwicklungen, die ihr institutionelles Gefüge produktiv provozieren: Ich denke dabei an die Zusammenarbeit mit Elternselbsthilfevorhaben, an das Entstehen von bunteren Teams mit selbstbewussten, kompetenten Profis, die andere an Kindern interessierte Erwachsene integrieren können, an Kitas auf Reisen oder integriert in Ökoprojekte des Gemeinwesens, an die begründete Abwehr der Vergabe der Reinigungsdienste an eine Spezialfirma oder einer Schließung der hauseigenen Küche, an Institutionenverbünde mit anderen Sozialen Diensten und vieles mehr, was vor Ort ersonnen werden kann, um Institution und Leben mit Primärerfahrungen näher zueinander zu bringen.

Auch solche Vorhaben würden eine »Entstandardisierung« und »Deregulierung« von Rahmenbedingungen erfordern, allerdings ganz andere als diejenigen, die heute im Zuge von kurzsichtigen Sparmaßnahmen angesagt sind.

## Literatur

Beck, U.: Risikogesellschaft. Auf dem Weg in eine andere Moderne. Frankfurt a.M. 1986.

Beck, U.: Angst vor der Freiheit. Essay in: Der Spiegel 1994 (38), S. 248–250.

Keupp, U.: Verunsicherungen. Risiken und Chancen des Subjekts in der Postmoderne. In: Rauschenbach, Th./Gängler, H. (1992), S. 165–202.

Krug, M./Pelzer, S.: Qualifizierungswege von Erzieherinnen in den neuen Bundesländern. Abschlussbericht zum Projekt 1992–1994. Band 1 und Band 2. DJI-Arbeitspapiere. München 1995.

Rauschenbach, Th.: Soziale Arbeit und soziales Risiko. In diesem Band, S. 36–85. (Zuerst erschienen in: Rauschenbach, Th./Gängler, H. (1992), S. 25–59).

Rauschenbach, Th./Gängler, H.: Soziale Arbeit und Erziehung in der Risikogesellschaft. Neuwied/Kriftel/Berlin 1992.

Seifert, M.: Kinder brauchen keine zusätzlichen Grenzen. In: Theorie und Praxis der Sozialpädagogik 1995 (3), S. 140–142.

*Jan-Uwe Rogge*

# Grenzen und Offenheit in der Erziehung

*Gedanken wider die Beliebigkeit*

Begriffe, die in der pädagogischen Öffentlichkeit diskutiert werden – wie Grenzen setzen, Vermittlung von Normen und Werten, Offenheit als Prinzip pädagogischer Arbeit –, werden häufig nur eindimensional wahrgenommen, nicht weiter befragt oder auf ihre Bedeutungsvielfalt hin ausgeleuchtet. Zweifelsohne können Grenzen Kindern Luft zum Atmen nehmen, können ersticken, einengen, klein halten, unmündig, unselbstständig machen – doch gleichzeitig bieten Grenzen Orientierung, geben Halt, zeigen Kindern an, wo und wer sie sind. Sie markieren den Unterschied zwischen den momentanen Fähigkeiten und dem Noch-nicht-Können. Sie weisen den Kindern einen Raum im Hier und Jetzt, einen Raum, den sie selbstständig und selbstbewusst ausfüllen, gestalten und – falls er zu eng wird – auch erweitern können.

Diskussionen über gesellschaftliche Fehlentwicklungen zeichnen sich gegenwärtig durch Schwäche und Hilflosigkeit aus: durch die Suche nach Sündenböcken. Und je abstrakter die sind – die Schule, die Erziehung, die Medien –, umso hemmungs- und besinnungsloser wird dann auf sie eingeschlagen. Es ist wenig hilfreich, nach *der* Ursache für soziale Krisen und Problemkonstellationen zu suchen, *den* Versager ausfindig zu machen; wichtig erscheint es mir hingegen, nach Lösungsansätzen für Krisenphänomene zu suchen. Dies ist konstruktiver und wirkt ermutigender. Lamentieren über den Verfall von Werten und Normen hilft nicht, bedeutsamer, wenn auch schwieriger, weil auch vom Scheitern und von Niederlagen bedroht, dürfte es doch sein, Kindern eigene Werte und Normen vorzuleben.

Kinder wünschen sich menschliche Autoritäten, die Heranwachsende nicht erniedrigen, sondern die Sichtweisen und Blickwinkel, die Werte und Normen verkörpern und vorleben, Normen und Werte, an denen Kinder sich reiben, mit denen sie sich auseinander setzen können. Je mehr sich Erwachsene diesen elementaren Bedürfnissen und Wünschen nach Orientierung und Vergewisserung verweigern, umso eher gewinnen die großen Medienhelden Bedeutung und Faszination.

## Kinder suchen personale Autoritäten

Grenzen zu erfahren, sich an ihnen zu reiben und die Auseinandersetzung mit personalen Autoritäten stellen sich für mich nicht als Widerspruch dar. Kinder können Wege allein gehen, sie entwickeln Gefühle für Richtung und Geschwindigkeit – aber sie brauchen die Gewissheit von Nähe, Geborgenheit, Hilfestellung, falls dies denn erforderlich sein sollte. In den letzten 20 Jahren ist der Begriff der »Erzieherpersönlichkeit« genauso wenig reflektiert worden wie der einer »Erziehungsbeziehung« (Speck 1991) – und dies mit unerwünschten Resultaten:

- In der Bildungsreform, in den Reformprozessen der Siebzigerjahre steht die kognitive Entwicklung der Kinder an erster Stelle. Soziales und emotionales Lernen wird zwar angedeutet, erscheint jedoch weniger gefragt. Das Resultat sind Kinder, die sich als »kleine Erwachsene« darstellen, die sprachlich kompetent, die schlagfertig (in doppeltem Sinn des Worts!) sind, die in gefühlsmäßiger Hinsicht aber erhebliche Defizite aufweisen.
- Diesen Kindern fehlt die Balance zwischen innerer und äußerer Bewegung. Es sind Kinder, die sich unsicher bewegen, ständig auf der Suche nach Standsicherheit sind. So

bemessen immer mehr Eltern die Schulreife ihrer Kinder nach den vorhandenen intellektuellen Kompetenzen, weniger nach den sozialen und gefühlsmäßigen Möglichkeiten.

- Zunehmend ist ein egozentrisches, narzisstisches Verhalten bei Kindern (wie bei Eltern) zu beobachten. Kinder stellen sich in den und stehen im Mittelpunkt, die – finden sie keine Beachtung (durch andere Kinder oder Erwachsene) – in störendes Verhalten ausweichen oder damit einhergehende Frustrationen nicht mehr aushalten können.

Da man sich immer mehr und alles leisten kann, werden die sozialpädagogischen oder die medizinisch-therapeutischen Dienstleistungen als beliebig austauschbare Konsumartikel wahrgenommen. Und hat man von einem Angebot »genug«, sucht man eine Alternative: »In seiner Einrichtung lernt mein Kind nichts. Hier wird nur gespielt. Ich glaube, ich muss mein Kind hier abmelden.« Oder: »Sie fördern mein Kind nicht genug. In der anderen Schule ist man schon viel weiter.« Eine solche Haltung hat Auswirkungen auch auf die Frustrationstoleranz von Kindern. Kinder entwickeln nicht allein eine Beliebigkeit zu Produkten oder zu Angeboten, es kommt auch zu einer Beliebigkeit in den zwischenmenschlichen Beziehungen.

## In der Verantwortung frei sein

Wenn pädagogisches Handeln zum jederzeit austauschbaren Konsumartikel wird, dann wirkt sich dies auf das Selbstverständnis von Erzieherinnen aus. Sie nehmen sich kaum noch als Persönlichkeit wahr oder ernst. Ein immenser Sachzwang drückt, lässt eigene Empfindungen, Wünsche, Ansprüche und Schmerzen als nebensächlich erscheinen. Während einige Erzieherinnen diesem Sachzwang entfliehen, in andere Berufe abtauchen, sich beurlauben lassen oder sich ins Privatleben zurückziehen, gehen andere wie Hefe selbstlos im Beruf auf, tun das Beste für »ihre Kinder« und vergessen sich dabei. Ein bedingungs- und selbstloses Aufgehen im Beruf lässt aber keine Persönlichkeit entstehen, an denen sich Kinder orientieren und reiben können. Wer sich selbst nicht respektiert, der wird nicht respektiert; und wer sich (und seine Arbeit) nicht ernst nimmt, der wird nicht ernst genommen. Selbstliebe ist die Grundlage für eine gefühlvolle Erziehungsbeziehung.

Es ist überzeugend, wenn die Erziehung zur Freiheit, Autonomie und Selbstständigkeit Eingang in viele pädagogische Konzeptionen gefunden hat. Aber Freiheit hat nichts mit Beliebigkeit oder der Abwesenheit von Regeln zu tun. Freiheitliches und selbstbestimmtes Handeln hat mit Verantwortung zu tun. Nur der, der Verantwortung für sein eigenes Tun trägt, der Verantwortung übernimmt, handelt freiheitlich und selbstbestimmt. Wer die Schuld für sein Scheitern und für Schwierigkeiten beim jeweils anderen, eben dem Schuldigen, sucht, der handelt blind, chaotisch und angepasst. Er ist Objekt, nicht Subjekt der Entwicklung. Kinder für partnerschaftliches Handeln zu erziehen heißt, sie zur Verantwortung, d.h. verantwortungsbewusst, zu erziehen.

## Wer sich öffnet, muss über neue Regeln nachdenken

Doch haben Grenzen nicht für alle Zeiten Gültigkeit. Grenzen markieren eine Zeit lang den Raum – so lange, bis Kinder an Grenzen rütteln, anzeigen, dass sie andere Regeln und Rituale wünschen, oder bis Erwachsene spüren, dass gesteckte Grenzen zu erweitern, diese neu zu bestimmen sind. Das Setzen von Grenzen schließt deren Öffnung ein, nur ein reflexionsoffenes Grenzensetzen bietet Kindern und Erziehenden Entwicklungsmöglichkeiten. Bleiben Grenzen starr, verhindern sie, dass sich Kinder ihrem Entwicklungsstand gemäß fortbewegen können, engen sie die Erziehungsbeziehungen ein. Wer pädagogische Konzeptionen öffnet, der muss über veränderte Regeln und Rituale nachdenken. So ist es verwunderlich, wenn momentan so abstrakt über offene Arbeit und offene Gruppen im Kindergarten gestritten wird. Offenheit ist doch eine Grundlage, die einen situationsorientierten Ansatz überhaupt erst möglich macht: nämlich Kinder im Hier und Jetzt abzuholen, sie eine Zeitlang zu begleiten und zu unterstützen, pädagogisches Handeln an Entwicklungs- und Wahrnehmungsbesonderheiten des Kindes zu orientieren. Offenheit heißt für mich: Situationen in ihrer Offenheit zu sehen, Bedeutungsvielfalt auszuhalten, erzieherische Handlungsansätze, die heute funktionieren, morgen, falls notwendig, durch andere zu ergänzen (nicht: zu ersetzen!). Zur Offenheit gehört, nicht im »Entweder-oder« zu denken, sondern im »Sowohl-als-auch«. Dies macht pädagogisches Handeln phantasievoller, kreativer, überraschender, spannender. Nur: Wer sich öffnet, selber zur Offenheit bereit ist, wer für sich und andere neue, unbekannte Erfahrungsräume bereitstellt, der muss – soll Offenheit nicht in Beliebigkeit, Gleichgültigkeit oder einer chaotischen Beziehungslosigkeit enden – über Grenzen nachdenken. Ich möchte dies anhand der offenen Gruppe im Kindergarten kurz konkretisieren.

- Wer offen arbeitet, braucht, ja, der benötigt eine regelmäßige Begleitung in Form von Fachberatung und Supervision. Wenn Erzieherinnen offene Arbeit als Belastung erleben, hat das nicht allein Auswirkungen auf deren emotionale Befindlichkeit, sondern auch auf die Beziehung zu Kindern. Pädagogische Konzeptionen wie Situationsorientierung und Offenheit müssen sich – und dies wird häufig übersehen – nicht allein am Kind orientieren, sondern zugleich an der Persönlichkeit der Erzieherin. Wenn diese sich ausschließlich als Retterin (von armen Kindern) oder als Opfer (von Konzeptionen, die sie überfordern) fühlt, dann ist eine authentische Arbeit mit Kindern ebenso gefährdet wie die Prinzipien der Situationsorientierung und Offenheit.
- Offenheit setzt klare Rituale und Regeln, Verbindlichkeit und Absprachen in der alltäglichen Arbeit voraus. Nur wer

sich und Kindern dabei Grenzen setzt, vermeidet, dass aus Freiraum und der Möglichkeit zu selbst gestalteter Zeit eine be- und erziehungslose Beliebigkeit wird. Die Chance der Situationsorientierung und der offenen Arbeit liegt darin, Kinder als ganze Personen anzunehmen, sie ganzheitlich zu fördern. Dazu bedarf es aber einer Verbindlichkeit, auch der Kontrolle, der genauen Beobachtung.

- Frei-Raum und Frei-Zeit meint nicht die Abwesenheit von Regeln. Ebenso wenig wie Kinder ausschließlich selbstbestimmte Zeitabläufe aushalten, weil sie sich sonst in der Zeit verlieren, Zeit unerträglich lang wird, ebenso wenig bedeutet Freiraum regelloses Tun. Auch ein Freiraum hat Grenzen, über die Kinder Regeln und Absprachen verinnerlichen können.

Situationsorientierung und Offenheit basieren auf Ernsthaftigkeit, auf gegenseitigem Respekt, auf einer Erziehungsbeziehung, die einem Miteinander verpflichtet ist. Situationsorientierung und Offenheit bauen auf Grenzen auf, es sind Grenzen, die wie Leuchttürme sind. Sie weisen eine Zeit lang auf sicheres Fahrwasser hin, leiten bis zu einem anderen Fahrwasser oder bis das offene Meer erreicht ist, in dem nach anderen verlässlichen Koordinaten Ausschau gehalten werden muss.

Begriffe wie Situationsorientierung und Offenheit bieten Möglichkeiten an, den pädagogischen Prozess als Subjekt selbstbewusst und selbstständig zu erleben. Und dazu gehören Grenzen, die nicht allein anzeigen, wo ich mich im pädagogischen Prozess befinde, sondern zugleich andeuten, wie weit ich gehen kann.

**Literatur:**

Rogge, J.U.: Kinder setzen Grenzen. Reinbek 1993.

Speck, O.: Chaos und Autonomie in der Erziehung. München 1991.

*Sigrid Ebert*

# Von den Schwierigkeiten, Erziehen zu lehren und zu lernen

Die Modernitätsproblematik unserer Zeit stellt nicht nur eine Herausforderung für die pädagogische Praxis dar, sondern ist auch eine für die pädagogische Lehre.

In meinen Überlegungen zu Problemen der Ausbildung von Erzieherinnen und Erziehern beziehe ich mich auf gut dreißigjährige Lehr- und Lernerfahrungen. Das ist ziemlich genau der Zeitraum, der die sozialen Wandlungsprozesse umfasst, die wir unter dem Schlagwort »Risikogesellschaft« als Modernitätsproblematik bezeichnen.

Den Pädagoginnen und Pädagogen aus den neuen Bundesländern wird vieles, was ich rückblickend als Schwierigkeiten der sozialpädagogischen Ausbildung anführen werde, fremd vorkommen. Für sie war in der DDR unstrittig, was Menschenbild, Erziehungsziele, pädagogisches Handeln, Didaktik und Methodik in der Ausbildung und nicht zuletzt, was die Berufsrolle von Pädagogen betraf.

Heute, Mitte der Neunzigerjahre, verbindet uns die aktuelle gesellschaftliche Situation, der wir uns als Pädagogen in Ausbildung und Praxis gemeinsam stellen müssen. Allenthalben ist von einer Krise der Erziehung die Rede, einer Krise, die festgemacht wird am Versagen der traditionellen, grenzsetzenden Instanzen wie Elternhaus und Schule und an der Ratlosigkeit, ja Ohnmacht der professionellen Pädagogen. Die Erziehungs- und Bildungsinstitutionen Kindergarten und Schule können nicht zur »sozialen Reparaturwerkstatt« bei krisenhaften Erscheinungen unserer Gesellschaft gemacht werden bzw. die Funktion eines Sündenbocks übernehmen, wohl aber sind Pädagogen als Experten für Bildung und Erziehung aufgefordert, sich ihrer Möglichkeiten und Instrumentarien bewusst zu werden und zu erkennen, dass es ihre Aufgabe ist, in dieser Welt, in der traditionelle Werte, Institutionen, Bindungen und Rollenverständnisse zerbröckeln, zugleich aber auch – aufgrund von Individualisierungs- und Pluralisierungsprozessen – ein Überangebot an diskrepanten Wahrheiten und Werten, Orientierungsmustern und Verhaltensnormen besteht, Menschen Hilfestellungen zu geben bei ihrer Suche nach Lebenssinn und Orientierung. Es geht angesichts der Modernitätsproblematik um eine Neubestimmung von pädagogischer Professionalität in Ausbildung und Praxis, wobei als Folge dieser sozialen Wandlungsprozesse psychologische und soziale Aspekte für ein verändertes Rollenverständnis von Pädagogen mehr und mehr an Bedeutung gewinnen.

Bevor ich mich aber mit der Notwendigkeit eines veränderten Rollenverständnisses von Pädagogen auseinander setze, insbesondere auch in Hinblick auf die Erfordernisse der Berufsbildung von Erzieherinnen und Erziehern, möchte ich ein paar Entwicklungslinien der Berufsbildungsinstitution »Fachschule (Fachakademie) für Sozialpädagogik« aufzeigen.

## Wandel der Kindergartenpädagogik und Reform der Kindergärtnerinnenausbildung

Als ich Ende der Fünfzigerjahre an der Berufsfachschule für Kindergärtnerinnen und Hortner des Pestalozzi-Fröbel-Hauses in Berlin ausgebildet wurde, gab es das Fach Erziehungslehre. In diesem Fach wurden die Schülerinnen und Schüler theoretisch auf den Beruf vorbereitet. Der Vermittlungsprozess, also das Unterrichten, schien – so kam es uns zumindest vor – nicht schwierig zu sein. Wenn es Schwierigkeiten gab, lagen diese eher bei der Schülerin, an ihrer mangelnden Befähigung bzw. Eignung für diesen Beruf. Im Fach Erziehungslehre wurde gelernt, was es für Eigentümlichkeiten in der kindlichen Entwicklung gibt, mit dem Ziel, dieses Wissen in erzieherisches Handeln umzusetzen. Es wurde ein Bild vom Kind vermittelt, das dieses als ein unfertiges, schonungsbedürftiges Wesen darstellte. Erzieherisches Handeln im Kindergarten bestand vor allem darin, angemessene Beschäftigungsangebote zu machen. Angemessen waren sie dann, wenn sie die kindliche Begrenztheit entsprechend berücksichtigten. Die Lehre von der Erziehung, die angehende Kindergärtnerinnen vermittelt bekamen, gewissermaßen das theoretische Rüstzeug für den Berufsalltag, verknüpfte traditionelles entwicklungspsychologisches Wissen mit einer – in der Regel – hausgemachten, wohlmeinenden Einwirkungs- und Angebotspädagogik für die Arbeit im Kindergarten.

Diese Sichtweise in Bezug auf die beruflichen Anforderungen war zentral für das Berufsbild der Kindergärtnerin und prägend für das berufliche Selbstverständnis der Berufsträgerinnen.

Die öffentliche Kleinkinderziehung war bis in die Sechzigerjahre hinein kein dringendes gesellschaftliches Anliegen. Es war vor allem der Fürsorgegedanke, der in der Kindergartenpädagogik dieser Zeit vorherrschte.

Erst seit Mitte der Sechzigerjahre, als Folge von Modernisierungsschüben, sind in der Bundesrepublik Deutschland Versuche der Erziehungswissenschaften zu konstatieren, Bildung und Erziehung in Theorie und Praxis neu zu bestimmen. So war der sogenannte »Sputnik-Schock« Anlass, die herkömmliche Trennung von volkstümlicher und gymnasialer Bildung zugunsten einer wissenschaftsorientierten Bildung aufzuheben und das Bildungswesen auch auf die vorschulische Kindheit auszudehnen.

Im »Strukturplan für das Bildungswesen« des Deutschen Bildungsrates wurde auf der untersten Stufe des deutschen Bildungswesens der Kindergarten als Elementarbereich eingeführt. Aus der Kindergärtnerin, die bislang an der Berufsfachschule ausgebildet worden war, wurde die Erzieherin, die nunmehr, auf einem höheren Niveau, an der Fachschule für Sozialpädagogik ihre Ausbildung absolviert.

Zum didaktischen Konzept dieser wissenschaftsorientierten Bildung gehörte der vollständig planbare Unterricht in der Schule, auch in der berufsbildenden Schule. In der Fachschule wurde – auch aufgrund dieser neuen Systematisierung des beruflichen Schulwesens – die Jugendleiterin, die bislang als Generalistin für das didaktische Prinzip des Theorie-Praxis-Bezuges in der sozialpädagogischen Ausbildung stand, als Lehrkraft abgeschafft. Damit wurde auch die einzige Aufstiegsmöglichkeit der Kindergärtnerin bzw. Erzieherin gekappt, der Beruf wurde zum »Sackgassenberuf«. In der Ausbildung trat an die Stelle der Jugendleiterin die an der Fachhochschule ausgebildete Sozialpädagogin, die allerdings nur noch – im Vergleich zur Jugendleiterin – für wenige Fächer die Lehrbefugnis hat und – auch im Unterschied zur Jugendleiterin – für die Lehrtätigkeit nicht qualifiziert ist. Der überwiegende Teil der Unterrichtsfächer wird von nun an von wissenschaftlich ausgebildeten Lehrkräften unterrichtet.

Zwar hat im Zuge dieser Neuordnung der sozialpädagogischen Ausbildung an den Ausbildungsstätten ein deutlicher Professionalisierungsschub stattgefunden, wenn man diesen nicht nur an der Anhebung des formalen Niveaus der Schule, sondern auch an der fast vollständigen Akademisierung der Lehrkräfte festmachen will. Aber immer noch, auch heute (Rauschenbach 1995), hat über die Hälfte der Lehrkräfte, die an den Fachschulen unterrichten, kein Lehramtsstudium an einer wissenschaftlichen Hochschule absolviert, ganz im Gegensatz zu sonstigen Bereichen des berufsbildenden Schulwesens. Auch die Einführung des einschlägigen Lehramtsstudiums »Berufliche Fachrichtung Sozialpädagogik« in einigen Bundesländern konnte an diesen Diskrepanzen im Qualifikationsprofil der Ausbilder von Erzieherinnen nichts ändern.

## Wissenschaftsorientierte Bildung und Verschulung der Erzieherinnenausbildung

Die Anfang der Siebzigerjahre vollzogene formale Neustrukturierung der sozialpädagogischen Ausbildung und die damit verbundene Einrichtung von besser dotierten Funktionsstellen in der Fachschule für Sozialpädagogik, im Unterschied zur früheren Berufsfachschule für Kindergärtnerinnen, hatte zur Folge, dass immer mehr Männer diese einstige Frauendomäne eroberten und die Funktionsstellen, allen voran die Schulleitungspositionen, besetzten. Ich erwähne das nicht, um mich nun in einem feministischen Exkurs zu ergehen, sondern weil ich im Qualifikationsprofil der Lehrkräfte einschließlich seiner hierarchischen Geschlechterdifferenz wie auch in der Einführung von fachspezifischen Didaktiken die entscheidende Weichenstellung dafür sehe, dass im Zuge dieser Neuordnung die Ausbildung sich immer mehr von der Berufspraxis entfremdete und strukturell und inhaltlich im Berufsbildungsprozess von Erzieherinnen eine zunehmende Verschulung eintrat.

Gleichzeitig kam es – aufgrund des wachsenden Bedarfs an Kindergartenplätzen – zu einem enormen quantitativen Ausbau der Ausbildungskapazität und – damit verbunden – zu einem Einstellungsboom von in der Regel berufsunerfahrenen Lehrkräften. Die unterschiedliche Bildungskarriere der Lehrkräfte an den Fachschulen für Sozialpädagogik schlägt sich nicht nur in der Eingruppierung und im Umfang des Unterrichts (Anzahl der Lehrerwochenstunden) nieder. Folgenreich ist sie für die Ausbildung vor allem in Hinblick darauf, dass an der Universität ausgebildete Lehrkräfte überwiegend in den fachtheoretischen Fächern eingesetzt werden und die an der Fachhochschule ausgebildeten Sozialpädagoginnen – die oben genannte Geschlechterdifferenz ist hier ablesbar – für den Unterricht in den sogannten Praxisfächern zuständig sind. Diese diskriminierenden Unterschiede im Unterrichteinsatz der Lehrkräfte ist bezeichnend für das ungeklärte Theorie-Praxis-Verhältnis in der Erzieherausbildung, das mit dazu beiträgt, Verschulungstendenzen Vorschub zu leisten. Besonders prekär für die curriculare Entwicklung sollte sich die Spaltung des Ausbildungsgegenstands »Erziehung« im Unterricht auswirken. Im Fach Pädagogik referierten in den Siebzigerjahren frisch diplomierte Pädagogen relativ abstrakt und im »elaborierten Code« dieser Jahre über Erziehungsstile und schichtenspezifische Unterschiede. Analysiert wurde im Unterricht das erzieherische Verhalten in Abhängigkeit von sozioökonomischen, soziokulturellen und – nicht zuletzt – in Abhängigkeit von situativen Bedingungen, wobei unter den Letzteren fast ausschließlich die Arbeitsbedingungen der Erzieherin wie Gruppengröße, Erzieherschlüssel, Bezahlung u.a.m. gefasst wurden. Selten wurde hinterfragt, welches Bild vom Kind das tatsächliche Erziehungshandeln einer Erzieherin bestimmt.

Im Fach Praxis- und Methodenlehre dagegen fand dann – und das ist in der Regel auch heute noch so – unter der Leitung einer nachdiplomierten Jugendleiterin oder einer diplomierten Absolventin der Fachhochschule für Sozialarbeit/Sozialpädagogik die eigentliche Berufsvorbereitung statt.

Im Mittelpunkt des Unterrichtsgeschehens standen Übungen, die von der Fachschülerin, unter Anleitung der Fachschullehrerin, in der Praxis durchgeführt und anschließend im Unterricht ausgewertet und benotet wurden. Diese – in der Regel als gezielte Beschäftigung einer Kindergruppe konzipierte – praktische Übung gilt auch heute noch im überwiegenden Teil der Ausbildungsstätten als Paradigma einer praxisnahen Ausbildung. Zweifel sind berechtigt, ob diese gezielten Beschäftigungen, die häufig den Charakter von vorschulischen Unterweisungen haben, exemplarisch für das sind, was Erzieherinnen von heute leisten müssen. Überhaupt lässt sich erzieherisches Handeln nicht allein auf der Ebene der Wirkungen erörtern. In der Verhaltenswissenschaft gibt es Interdependenzverhältnisse, aber kein Kausalitätsprinzip. Eine Erzieherin kann aufgrund ein und derselben Handlung bei den Kindern unterschiedliche Reaktionen auslösen. Ein Kind kann bei einer Erzieherin Verhaltensweisen auslösen, die ihren pädagogischen Absichten völlig entgegenstehen usw. Auf solche Wechselwirkungen, die das Erziehungsgeschehen ausmachen und die zu reflektieren eine Erzieherin lernen muss, wird in der Ausbildung der Siebzigerjahre noch nicht eingegangen.

## Antiautoritäre und antipädagogische Einflüsse auf die Ausbildung von Erzieherinnen

Zeitgleich zu dieser wissenschaftsorientierten Entwicklung im Bildungswesen entstand in der Bundesrepublik Deutschland am Ende der Sechzigerjahre – ausgehend von der Studentenbewegung – eine antiautoritäre Bewegung in der pädagogischen Praxis. Durch die Gründung von Kinderläden als einer neuen Betreuungsform für Kinder veränderte sich die Landschaft der pädagogischen Praxis radikal. Denn in ihren praktischen Ansätzen zielte diese Betreuungsform vor allem auf einen veränderten Umgang von Eltern respektive Erziehern mit Kindern.

Antiautoritäre Erziehung beharrte – in Abgrenzung von der wissenschaftsorientierten und systematischen Konzeption vorschulischen Lernens – auf dem Eigensinn kindlicher Lerninteressen.

Aber auch in der antiautoritären Erziehung wurde das empirische Kind, also der Junge, das Mädchen, in seinem jeweils aktuellen Lebens- bzw. Sozialisationsbedingungen nicht ausreichend reflektiert.

Das Bild vom Kind blieb relativ abstrakt und wurde idealisiert. Es war grundsätzlich ein gutes Kind, das es – so wie es war – zu akzeptieren galt. »Selbstregulierung« der Kinder trat an die Stelle einer planvollen, pädagogisch zu gestaltenden Lernumgebung. Dieses Bild vom Kind, das vor Erziehung bzw. vor Erziehern »geschützt« werden muss, ist von psychoanalytischen Sichtweisen, wie sie von Alice Miller (1983) aus dem Bereich der pathologischen Psychologie auf die Pädagogik übertragen wurden, geprägt worden.

In dieser Psychologisierung des Erziehungsgeschehens liegen auch die Wurzeln einer weiteren pädagogischen Richtung dieser Jahre, der Antipädagogik. Die Übergänge zwischen antiautoritärer Erziehung und Antipädagogik sind fließend. Antiautoritäre und antipädagogische Inhalte haben in den Siebziger- und Achtzigerjahren gleichermaßen Einzug in die Ausbildung von Erzieherinnen gehalten. Wurden sie bzw. werden sie doch von vielen Lehrkräften, die sich selbst zu der 68er Generation zählen, in der Ausbildung in pädagogischer Theorie vertreten.

Verstärkt wurde dieser – zugespitzt formuliert – antipädagogische Ansatz in der Erzieherinnenausbildung noch durch die Tatsache, dass die Erziehungswissenschaft selbst auch hinsichtlich ihres Selbstverständnisses als akademischer Disziplin und deren Verhältnis zur pädagogischen Profession gespalten ist. Bezogen auf die Antipädagogik, nehmen Erziehungswissenschaftler unterschiedliche Positionen ein. Neben Kritikern, wie Andreas Flitner (1992) u.a. gibt es unter den pädagogischen Akademikern auch Befürworter der Antipädagogik. So formulierte Michael Winkler (1990) die These, dass die Antipädagogik die Pädagogik besiegt habe, und wörtlich: »Pädagogisches Denken kann hinfort als antiquiert gelten«. Für Hermann Gieseke (1993), der vom »Ende der Erziehung« spricht, ist die zentrale Aufgabe pädagogischen Handelns nicht »Erziehen«, sondern »Lernen ermöglichen«. Pädagogisches Handeln zielt nicht mehr auf die ganze Person des Kindes, sondern beschränkt sich auf die Aspekte seiner Persönlichkeit, die eben durch ein bestimmtes Lernen verändert werden sollen. Gieseke führt weiter aus: »Die Verantwortung für die Herausbildung der Persönlichkeit – also für die je individuelle ›Bildungsgeschichte‹ – fällt von Kindheit an dem Einzelnen selbst zu.«

Pädagogen helfen dabei nur durch entsprechende Lernarrangements. Pädagogisches Handeln ist also immer nur Intervention in einem unabhängig davon ablaufenden Lebens- bzw. Sozialisationsprozess. Erzieher wären demnach Verhaltenstechnologen, und Ausbildung von Erziehern hieße, diese mit den Methoden der Verhaltenstechnologie wie Informieren, Beraten, Arrangieren, Animieren, Unterrichten u.a.m. vertraut zu machen.

Diese antipädagogische Position von Teilen der Erziehungswissenschaft hat sich in der Vergangenheit als wenig produktiv für die pädagogische Praxis, um die es ja immer im pädagogischen Berufsbildungsprozess gehen muss, dargestellt. Ich sehe darin auch einen Grund, warum in den letzten zwanzig Jahren, trotz der Anhebung des Qualifikationsprofils der Lehrkräfte an den Fachschulen für Sozialpädagogik, die pädagogische Ausbildung der Erzieherinnen selbst so wenig handlungsorientiert verlief. Zumindest hat die an den Universitäten angesiedelte erziehungswissenschaftliche Forschung zur Pädagogik der frühen Kindheit nicht in dem Maße zur Lösung von Problemen der pädagogischen Professionen beigetragen, wie es aufgrund der Kindergartenreform wünschenswert gewesen wäre. Im Gegenteil: Wenn man die Aussagen der akademischen Antipädagogen analysiert, kann man zu dem Schluss kommen, dass die Erziehungswissenschaft zunehmend zur pädagogischen Praxis auf Distanz ging, ja gerade in der Absetzung von den praktischen Fragen ihre Identität als Wissenschaft sucht. An diesem Dilemma der pädagogischen Ausbildung, die sich schwer tut, für ihre Lehre einen theoretischen Bezugsrahmen zu finden, konnte auch die sozialpädagogische Praxisforschung, die in den letzten Jahrzehnten maßgeblich zur Weiterentwicklung der Tageseinrichtungen für Kinder beigetragen hat, wenig ändern. Die Erzieherausbildung ist von der Praxisforschung weit gehend abgetrennt, und über Qualifikationswege der Lehrkräfte einen Transfer der Erkenntnisse zu erreichen, ist nicht gewährleistet. In den letzten Jahren zeigt jedoch auch die akademische Pädagogik Intentionen, sich stärker als bisher als Forschungsinstanz für eine professionelle pädagogische Praxis zu begreifen. Solche für die pädagogische Ausbildung produktiven Suchbewegungen gehen in Richtung einer Neubestimmung des Bildungsbegriffs und eines Erziehungsverständnisses, das versucht, dem gesellschaftlichen Wandel Rechnung zu tragen.

So ist u.a. zu beobachten, dass die Reformpädagogik der Zwanzigerjahre eine Renaissance erlebt. In der Erziehung und Bildung »vom Kinde auszugehen« heißt in der Reformpädagogik, die psychischen Eigenarten der kindlichen Entwicklung zu akzeptieren, das Kind als Subjekt zu sehen und sich in der Erziehung auf das Kind einzulassen, ohne die Überlegenheit des Erziehers ausblenden zu wollen und die generativen Unterschiede zwischen Erwachsenen und Kindern zu verwischen. Auch in der Reformpädagogik hegte man – wie übrigens in der antiautoritären Erziehung auch – die Hoffnung, die Gesellschaft durch richtige Erziehung verbessern zu können; wobei beide pädagogischen Strömungen von einer Polarisierung ausgingen, das gute Kind wurde der kranken bzw. kaputten Gesellschaft gegenübergestellt. Eine Haltung übrigens, die häufig auch bei jungen Menschen, die den Erzieherberuf wählen, anzutreffen ist und die in der Ausbildung zu thematisieren ist. Nicht zuletzt waren es die eindrucksvollen Erkenntnisse der Interaktionsforschung, die zu einem veränderten Erziehungsverständnis beigetragen haben, weil sie deutlich machen, dass das Kind von Anfang an ein vergesellschaftetes Subjekt ist, ein Subjekt, das nur in unmittelbaren und vielfältigen materiellen und sozialen Interaktionen Identität entwickelt. Identität ist ja nicht etwas Statisches, keine Charaktereigenschaft, die man hat oder auch nicht hat. Identität ist am ehesten mit einem höchst komplizierten Fließgleichgewicht zu vergleichen, in dem der Mensch tätiger Urheber seiner selbst ist.

Kinder und Jugendliche brauchen für diese Entwicklungsaufgabe, »Identität zu bilden«, die Unterstützung von Erwachsenen. Für die pädagogischen Professionen und deren Aufgabe heißt das, dass sie für existenziell bedeutsame Lernprozesse von Heranwachsenden, die diese selbst (noch) nicht ausreichend steuern oder auch nur verstehen können, Verantwortung tragen. Kinder zu bilden, zu erziehen und zu betreuen fordert von der Erzieherin, dass sie im alltäglichen

Zusammenleben mit den Kindern nicht versucht, diesen die Gesellschaft vorzuenthalten. Vielmehr ist es ihre Aufgabe, den Vermittlungsprozess, der zwischen Kind und Gesellschaft – auch ohne ihr Zutun – stattfindet, pädagogisch reflektiert zu gestalten.

Folgt man Herman Nohl (1958), so müssen Pädagogen die objektiven gesellschaftlichen Anforderungen aus der subjektiven Perspektive der Adressaten, also der Kinder und der Jugendlichen, interpretieren können und auch helfen, diese Perspektive zur Geltung zu bringen.

Erziehen lehren bedeutet, dass in der Ausbildung nicht allein über gesellschaftliche Wandlungsprozesse und deren Auswirkungen auf die Erziehung gesprochen wird. Sondern dass sich Lehrende und Lernende darüber hinaus gleichermaßen als Teil dieser Gesellschaft wahrnehmen und ihr Eingebundensein in die Modernitätsproblematik reflektieren, wenn sie pädagogische Themen erörtern.

Pädagogische Professionalität ist weniger eine Angelegenheit formalisierter und zertifizierter Form der Berufsausübung. Pädagogische Professionalität hat neben der kognitiven eine ebenso wichtige soziale und personale, eine intuitive und kreative Dimension.

Erziehen lehren bedeutet deshalb, Lernprozesse zu initiieren, die zur Herausbildung einer beruflichen Identität und Professionalität führen. Dieser Bildungsprozess beinhaltet auch eine Auseinandersetzung mit Werthaltungen. Das berufliche Selbstverständnis einer Erzieherin bezieht sich eben nicht nur auf fachliches Wissen und methodisches Können, sondern auch darauf, dass sie im Umgang mit Kindern Werthaltungen ausdrückt bzw. deutlich macht, was für sie Wert hat. Wenn sich Erzieherinnen heute als Anwalt für Kinder verstehen, heißt das doch, dass sie in ihrem erzieherischen Handeln auch die gesellschaftlichen und politischen Rahmenbedingen, unter denen Kinder und ihre Familien leben, mitbedenken und dass sie sich in ihrem Handeln an dem Lebensrecht der Kinder orientieren.

Deshalb kann Erziehung nicht postmodern beliebig sein, sondern muss wertgebunden, das heißt lebensbejahend und -erhaltend, sozial gerecht, solidarisch und gewaltfrei sein.

Erziehung ist mehr, als Kinder unterschiedlicher Altersstufen sinnvoll zu beschäftigen. Erziehen heißt, das Kind wahrzunehmen, zu verstehen, zu unterstützen, zu ermutigen, zu schützen, heißt Grenzen setzen und öffnen. Das Erziehungsgeschehen ist immer ein persönliches und einmaliges Ereignis zwischen Menschen. Wobei die Beziehung zwischen ihnen das umfassendere soziale Feld ist, in dem die Interaktionsprozesse, die wir Bilden, Erziehen und Betreuen nennen, eingelagert sind.

Ich halte daher die Beziehungsfähigkeit für eine der wichtigsten personalen Kompetenzen, über die eine Erzieherin verfügen muss. Sie muss fähig sein, Beziehungen einzugehen und zu gestalten: zu Kindern, zu Eltern, zu Kollegen – und auch zu sich selbst muss sie sich in Beziehung setzen können.

Diese Beziehungsfähigkeit zu fördern, und zwar als Basisqualifikation erzieherischen Handelns, sehe ich als eine zentrale Aufgabe der Ausbildung an. Pädagogisches Sehen, Denken und Handeln oder, anders formuliert, Kinder zu verstehen und sich einfühlen können in ein Kind scheint mir nicht möglich zu sein ohne Nachdenken über mich selbst, ohne Reflexion darüber, wie der eigene Weg war, was hilfreich für das »Sich-selbst-sein-Wollen« war, was belastend und blockierend. Wer als Pädagoge vor sich selbst auf der Flucht ist oder wer sogar Angst vor Selbstverlust hat, ist in seiner Beziehungsfähigkeit eingeschränkt, kann sich eine Hingabe an einen anderen nicht leisten und wird Forderungen nach Wahrnehmungs- und Empathiefähigkeit nicht entsprechen können.

## Persönlichkeitsbildung und pädagogische Handlungskompetenz im Berufsbildungsprozess von Erzieherinnen

Wenn die Ausbildung heute für sich in Anspruch nimmt, auch persönlichkeitsbildend zu wirken, weil eben personale Kompetenzen der Erzieherin Voraussetzung für ein kindzentriertes erzieherisches Handeln sind, dann darf im Unterricht nicht nur darüber doziert werden, sondern dann müssen die Formen der Interaktion zwischen Lehrenden und Lernenden solche persönlichkeitsbildenden Erfahrungen auch zulassen. Deshalb muss es in pädagogischen Berufsbildungsprozessen auch um eine Wiederbelebung der Erfahrung gehen.

Die jungen Frauen und Männer, die wir heute ausbilden, gehören schon einer Generation an, die unter den Bedingungen einer pluralen Gesellschaft aufgewachsen ist; einer Gesellschaft, in der die Vielfalt der Lebensauffassungen, der Normen und Werte zugenommen hat; eine Vielfalt, die mitunter in Beliebigkeit umzukippen droht, was die Suche nach Positionen und Orientierungen für jeden Einzelnen, unabhängig davon, ob er Erzieher wird oder nicht, schon schwierig genug macht.

Die mit der Modernitätsproblematik einhergehende »Unübersichtlichkeit« verunsichert aber nicht nur die jungen Menschen, sondern auch uns Ältere. Deshalb müssen wir als Lehrende lernen, die Ambivalenzen unserer Berufsrolle nicht zu leugnen oder zu kompensieren, sondern offensiv auszutragen. Es sind doch die Sinnfragen, die uns als Lehrende und Lernende gemeinsam beschäftigen. Wonach sollen wir, sollen die jungen Menschen, sollen die Kinder, die sie erziehen sollen, sich richten? Worin ist der Sinn des Lebens zu suchen, im Lust- oder Konsumprinzip? Oder vielleicht doch im Leistungsdenken? Viel zu wenig wird m.E. in der Ausbildung bedacht, dass auch in den Berufsbildungsprozessen von Erzieherinnen und Erziehern, egal an welchem Lernort, ob in der Fachschule oder in der Praxiseinrichtung, so etwas wie Lernen am Modell stattfindet. Wenn ich als Lehrerin oder als Anleiterin gegenüber angehenden Erziehern meine Ratlosigkeit offen zum Ausdruck bringe, wenn ich deutlich mache, dass es auch für mich Ambivalenzen, Mehrdeutigkeiten, Unsicherheiten gibt, für die ich keine Lösung parat habe, zeige ich ihnen zugleich, wie ich mit meiner Ratlosigkeit umgehe; signalisiere ich, dass ich zu meiner Orientierung auf die anderen angewiesen bin, auch auf die von Lernenden. Ich vermittle ihnen zugleich aber auch, was Orientierungsfähigkeit ist und wie Orientierung immer wieder erneut hergestellt werden muss. Orientierungsfähigkeit heißt nämlich nicht, Orientierung vorgeben, sagen, wo es langgeht, sondern den Weg aufzeigen, wie ich, zusammen mit anderen, zu der für mich Sinn machenden Orientierung kommen kann.

Orientierungsfähigkeit brauchen Erzieherinnen, um persönliche Sicherheit entwickeln zu können.

Sicherheit ist ein wichtiger personaler Aspekt für kompetentes erzieherisches Handeln. In diesem Zusammenhang möchte ich abschließend auf ein zentrales Thema in einer pädagogischen Berufsausbildung, nämlich das der »Autorität«, noch etwas genauer eingehen.

In der letzten Berufsvorbereitungsphase – im Berufspraktikum – ist für die angehende Erzieherin die Frage »Bin ich eine Autorität in den Augen der Kinder, kann ich mich durchsetzen, respektieren sie mich als Erzieherin?« eine zentrale Frage für ihr berufliches Selbstverständnis. Hinter dieser Frage steht ihre eigene Erziehung, die sie geprägt hat und die – im Gegensatz zu meiner Generation – auf der Beziehungsebene zwischen Eltern und Kind schon von einer Verschiebung der Machtbalance gekennzeichnet war. Sie hat in ihrer Erziehung schon erfahren, dass eine Autoritätsperson nicht einfach anordnet, sondern dass sie, wenn sie fordert, einem gewissen Rechtfertigungsdruck unterliegt. Die Machtbalance zwischen Erzieher und Kind scheint sich in den letzten Jahrzehnten, so weisen zahlreiche Untersuchungen nach, zugunsten des Kindes verschoben zu haben. Generell dominieren in der Eltern-Kind-Beziehung heute mehr partnerschaftliche Umgangsformen. An die Stelle der Lenkung durch Gebote und Verbote ist Verhandeln bzw. Aushandeln getreten. Diese Informalisierung einer hierarchischen Beziehung erweist sich aber bei näherer Betrachtung des Erziehungsgeschehens als höchst ambivalent, und zwar sowohl für die Erzieherin als auch für das Kind.

Erzieherinnen wollen nicht, dass die Kinder einfach gehorchen, sondern sie wollen, dass Kinder aus Einsicht etwas tun oder lassen. Zugleich erleben sie, besonders in der Berufsanfangsphase, diesen Anspruch, den sie an sich haben, eine Forderung an das Kind dem Kind gegenüber begründen zu müssen, als sehr belastend. Zumal sie keineswegs sicher sind, ob die Begründung vernünftig und überzeugend ist. Unsicherheit zuzugeben setzen sie aber häufig gleich mit Autoritätsverlust; nicht zuletzt auch deshalb, weil ihre erzieherische Kompetenz von der Leiterin, den Kolleginnen und auch von den Eltern nicht selten daran gemessen wird, ob sie sich durchsetzen können bzw. ob sie Grenzen setzen können oder nicht. Ein bloßes autoritäres Durchgreifen ohne Begründung verbietet ihnen aber ihr Berufsethos. In dieser Phase der beruflichen Identitätsbildung ist von entscheidender Bedeutung, welche Unterstützung die Berufsanfängerin zur Bearbeitung dieser Konfliktsituation erfährt.

Zum einen muss es auf der fachlichen Ebene sicher darum gehen, pädagogisch zu erörtern, welche Wirkungen denn Appelle der Erzieherin an die Vernunft und die Einsicht auf Kinder haben; ja, inwieweit diese Appelle von Erwachsenen an die Vernünftigkeit des Kindes es diesem quasi unmöglich machen – will es sich nicht als unvernünftiges Kind in den Augen des Erwachsenen selbst herabsetzen –, Widerstand gegen Forderungen des Erwachsenen zu zeigen.

Andererseits wissen wir aber, dass gerade die Möglichkeit zum Widerstand, die Opposition gegen Forderungen von Erwachsenen die Identitätsentwicklung des Kindes unterstützt.

Verhandlungsangebote von Erwachsenen lösen deshalb nicht selten Ohnmachtsgefühle beim Kind aus, insbesondere dann, wenn die Wertschätzung des Erwachsenen davon abhängig ist, ob es sich vernünftig bzw. einsichtig zeigt.

Forschungsprojekte bei Kindern im Alter von sechs bis zwölf Jahren zum Thema »Autorität und Gehorsam« machen deutlich, dass Kinder durchaus Autorität achten, wenn sie sich emotional angenommen, ja respektiert fühlen. Erzieherinnen müssen also lernen, das richtige Maß an Autorität auszutarieren, ohne in überholte Autoritätsmuster zurückzufallen.

So weit zu den pädagogischen Erörterungen, die geeignet wären, die fachliche Kompetenz der Berufsanfängerin stärken.

Das Aneignen dieser Fachkenntnisse allein würde aber kaum ausreichen, um die konkrete Erziehungssituation angemessen zu meistern. Vielmehr muss dieser fachbezogene Bildungsprozess eingebunden sein in ein soziales Lernfeld, das die Erzieherin in ihrem Handeln selbstsicherer werden lässt. Das Lernen in der Seminargruppe, das gemeinsame Reflektieren von »Betroffenen«, das solidarische Ringen um den je individuellen, aber von anderen respektierten Erziehungsstil, das gemeinsame Herausfinden, worin man sich vom anderen unterscheidet trotz der Gemeinsamkeit in der beruflichen Ausgangssituation, machen den eigentlichen personalen Kompetenzzuwachs der Berufsanfängerin aus. In einem solchen Lernprozess erfährt die angehende Erzieherin den Zusammenhang von pädagogischer Handlungskompetenz und Selbst – Erfahrungswissen von pädagogischer Bildung und Persönlichkeitsbildung.

Pädagogische Tätigkeit im professionallen Sinn ist ohne Fachwissen nicht möglich. Jeder professionell handelnde Pädagoge braucht für sein Handeln aber auch eine personale, gewissermaßen eine »hermeneutische Kompetenz«, die ihn befähigt, ein ganz konkretes Praxisproblem zu verstehen. Für dieses Verstehen ist theoretisches Wissen allein nicht ausreichend, denn die Erzieherin muss auch dann handeln, wenn die Theorie keine Lösung parat hat. Das macht das Erzieherhandeln ja auch so riskant, weil es ein »Handeln in Ungewissheit« (Rabe-Kleberg 1993) ist. Nur in seltenen Fällen kann sie auf festgelegte Handlungsschemata zurückgreifen, immer neu muss von ihr verantwortlich entschieden werden, welches Verhalten am ehesten dem Kind in einer konkreten Situation gerecht wird, inwieweit ein pädagogisches Wissenskonzept ausreicht, um ein Praxisproblem zu lösen.

Deshalb gehören pädagogische Qualifizierung und (Selbst-) Erfahrungswissen in der Ausbildung von Erzieherinnen und Erziehern untrennbar zusammen. Solche Schlüsselerfahrungen sind es, die zusammen mit Fachkenntnissen und methodischen Kompetenzen die angehende Erzieherin auf die beruflichen Anforderungen vorbereiten. Dies geschieht nicht durch einen Unterricht, der sich darauf beschränkt, Belehrungswissen in Hinblick auf ein bestimmtes Lernziel zu illustrieren bzw. methodische Fertigkeiten zu trainieren. Pädagogische Lernprozesse sind immer auch Prozesse des (Selbst-)Verstehens.

## Literatur


Ebert, S.: Erzieherausbildung als Persönlichkeitsbildung. In: Sozialpädagogische Blätter 6/1988, S. 153–161.

Ebert, S.: Beruf Erzieherin – Zwischen Mütterlichkeit und Professionalität. In: PÄDForum 2/1996, S. 112ff.

Flitner, A.: Reform der Erziehung. München 1992.

Giesecke, H.: Pädagogik als Beruf. München 1993.

Kolbe, F.U./Lenhart, V.: Bildung und Aufklärung heute. Bielefeld 1990.

Miller, A.: Am Anfang war Erziehung. Frankfurt a.M. 1983.

Neuhäuser, H./Rülcker, T.: Moralische Alltagstheorien von Kindern. In: Preuss-Lausitz, U. u.a. 1990, S. 192–205.

Nohl, H.: Erziehergestalten. Göttingen 1958.

Pestalozzi-Fröbel-Verband (Hrsg.): Zur beruflichen Situation der Erzieherinnen in Deutschland. München/Wien 1994.

Preuss-Lausitz, U. (Hrsg.): Die Kinder des Jahrhunderts. Weinheim/Basel 1993.

Preuss-Lausitz, U./Rülcker, T./Zeiher, H. (Hrsg.): Selbständigkeit für Kinder – die große Freiheit? Weinheim und Basel 1992.

Rabe-Kleberg, U.: Verantwortlichkeit und Macht. Bielefeld 1993.

Rauschenbach, Th./Beher, K./Knauer, D.: Die Erzieherin. Ausbildung und Arbeitsmarkt. Weinheim/München 1995.

Winkler, M.: Misfits: Über die pädagogische Situation nach der Antipädagogik. In: Kolbe, F.U. u.a. 1990.

*Pamela Oberhuemer*

# Entwicklungsperspektiven für Erzieherinnen?

*Dilemmata eines klassischen Frauenberufes*

Warum das Fragezeichen im Titel meines Beitrags? Ist es nicht so – zumindest in den westlichen Bundesländern –, dass die beruflichen Zukunftschancen für Erzieherinnen zur Zeit besonders gut aussehen? Die Nachfrage ist steigend, vor allem für die Arbeit in Tageseinrichtungen für Kinder. Im Rahmen der Umsetzung des Rechtsanspruchs auf einen Kindergartenplatz werden schätzungsweise 100.000 Fachkräfte in diesem Arbeitsfeld zusätzlich gebraucht (Hocke 1995). Auch bei den Betreuungsangeboten für die unter Dreijährigen und für Schulkinder ist ein Ausbau angesagt, wenn die Vorgaben des Kinder- und Jugendhilfegesetzes verwirklicht werden sollen. Überhaupt gehört dieser Beruf zu einem expandierenden Segment des Arbeitsmarkts. Innerhalb der letzten 20 Jahre hat sich die Anzahl der Beschäftigten in den personenorientierten Dienstleistungsberufen – das heißt in den Sozial- und Erziehungsberufen – mehr als verdreifacht (Rauschenbach 1994; Rauschenbach u.a. 1995).

Das Fragezeichen bezieht sich also für Erzieherinnen in den alten Bundesländern nicht auf deren unmittelbare Arbeitschancen. Sehr wohl aber für Erzieherinnen in den östlichen Bundesländern. Hier sieht der Arbeitsmarkt völlig anders aus. Der extreme Rückgang der Geburtenzahlen und die damit einhergehende Reduzierung der Betreuungsplätze haben entsprechend negative Auswirkungen auf die Einstellungschancen für Erzieherinnen gehabt, insbesondere für junge Erzieherinnen. Teilzeitstellen werden immer selbstverständlicher. Nach Berechnungen im Neunten Jugendberichts (1994) werden in den nächsten fünf Jahren zwischen einem Drittel und der Hälfte des pädagogischen Personals in den Kindergärten abgebaut werden müssen. Es wird geschätzt, dass es bis zum Jahr 2000 kaum Erzieherinnen unter 35 Jahren in den Einrichtungen geben wird. Die Auswirkungen auf das Innovationspotential der Einrichtungen ist noch nicht abzusehen.

Das Fragezeichen deutet also auf Diskrepanzen *innerhalb* dieser Berufsgruppe hin. Das Fragezeichen bezieht sich aber auch auf den Berufsstand schlechthin in seiner gegenwärtigen Ausprägung. Denn der Beruf ist gewissermaßen in eine Krise geraten. Und diese Krise hängt u.a. auch damit zusammen, dass er ein traditioneller Frauenberuf mit einem ambivalenten Verhältnis zur Professionalisierung ist. Nach mehr als 150 Jahren Berufsgeschichte sind – stärker denn je zuvor – tief greifende konzeptionelle und strukturelle Änderungen in diesem Beruf notwendig. Wie komme ich zu dieser Behauptung? Und in welche Richtung sind Änderungen notwendig?

Zunächst zu den Dilemmata dieses Berufs: Wo liegen sie, und wie sind sie zu erklären? Ich möchte zwei Fragenkreise in den Mittelpunkt rücken: das Berufsbild und die Anforderungen des Praxisfeldes.

## Berufsbild und berufliche Identität

Das Dilemma des Berufsbildes liegt in seiner Unklarheit – sowohl in der Eigenwahrnehmung als auch in der Wahrnehmung der verantwortlichen Entscheidungsträger (und diese sind in der weitaus überwiegenden Zahl Männer). Bis in die Gegenwart wird noch versucht, regional auftretenden Mängeln an Fachkräften durch Billiglösungen zu begegnen. Immer wieder wird deutlich: Dies ist ein Berufsbild, das zur Disposition steht – und auch noch von konjunkturellen Schwankungen abhängig ist.

Gewissermaßen verkörpert der Beruf Züge der ambivalenten gesellschaftlichen Stellung von Frauen (Ebert 1992). Vielleicht ist das auch ein wesentlicher Grund für das nachlassende Interesse junger Frauen an diesem Beruf. Sie merken, dass überholte Leitvorstellungen von geschlechtsspezifischer Arbeitsteilung und Rollendefinition auch heute noch die Einstellung zur beruflichen Erziehungsarbeit prägen – vor allem zur Erziehungsarbeit in der Phase der frühen Kindheit. Immer mehr junge Frauen suchen eine Selbstdefinition über Berufstätigkeit, wollen ihre eigene Existenzsicherung planen. Dieses Selbstverständnis als Frau mit dem dazugehörigen Wunsch, eigene Interessen zu verfolgen, Rechte zu behaupten, Zukunftspläne zu schmieden und Wahlmöglichkeiten zu haben, kann nicht ohne Auswirkung auf das allgemeine berufliche Selbstverständnis bleiben. Beim Erzieherinnenberuf sind Frauen aber vielleicht misstraurisch, denn hier ist die Verwischung von weiblichen und beruflichen Identitäten und Kompetenzen besonders evident (Ebert 1992). Für die Ausübung des Berufs sind viele der sogenannten »weiblichen Tugenden« notwendig: Einfühlungsvermögen, Geduld, Belastbarkeit. Wenn diese aber nicht als besondere Qualifikationen für den Beruf wahrgenommen werden, sondern zur Abwertung der beruflichen Kompetenz genutzt werden (nach dem Motto: Das kann jede Frau) – ist die Entwicklung eines beruflichen Selbstwertgefühls im Kern verhindert.

Diese Verwischung stiftet Unsicherheit; ebenfalls die Tatsache, dass die Frage der Abgrenzung oder Ähnlichkeit zur Mutterrolle auch heute noch diskutiert wird: zum Beispiel als Problem der Professionalisierung eines Liebesverhältnisses zum Kind oder als Problem der Distanz in der Beziehung zu Eltern (Jaeckel 1990). Diese Polarisierung zweier gegensätzlicher Prototypen ist problematisch. Professionalität wird in diesem Zusammenhang eher als negatives Merkmal dargestellt, quasi: hier die Professionellen als allwissende Autorität und Macht, dort die Mütter, die lernen müssen, wie sie ihre Kinder richtig zu erziehen haben. Dies ist ein schematisches

Bild von Professionalität, das m.E. weder die Realität noch die Zielvorstellungen von Erzieherinnen trifft.

Folglich ist es für Erzieherinnen schwer, ein klares professionelles Selbstkonzept zu entwickeln. Diese Unklarheit der Rollen – »Sind wir nun Profis oder nicht?« – ist sicherlich auch ein Grund, warum sie sich eher defensiv verhalten in der Debatte um die Öffnung der Kindertageseinrichtungen, in der es u.a. um die verstärkte Einbindung von Laien in die Alltagsarbeit geht.

Ist diese Unklarheit des Berufsbildes notwendigerweise berufsimmanent in der Kleinkinderziehung? Ich denke, nicht, und möchte deshalb an dieser Stelle einen Exkurs in die Berufswelt von zwei anderen europäischen Ländern einleiten – Frankreich und Dänemark. Dabei habe ich zwei Modelle gewählt, die zwar unterschiedliche, aber doch sehr eindeutige Berufsbilder darstellen (vgl. Oberhuemer/Ulich 1995).

In Frankreich besuchen nahezu alle Drei- bis Sechsjährigen sowie fast 40 % der Zweijährigen eine *école maternelle*. Die Fachkräfte, die in diesen ganztägig geöffneten und für die Eltern gebührenfreien Vorschuleinrichtungen arbeiten, haben die Berufsbezeichnung *professeurs des écoles*. Sie haben eine fünfjährige Ausbildung auf Hochschulniveau: ein dreijähriges Universitätsstudium mit dem Abschluss *licence* und eine zweijährige professionelle Ausbildung an einem Institut mit Hochschulstatus (*I.U.F.M. – Institut universitaire de formation des maîtres*). Sie werden gemeinsam mit Grundschullehrer/innen ausgebildet und können auch ebenso in Grundschulen arbeiten. Die *écoles maternelles* sind eindeutig dem Bildungssystem zugeordnet, und sie haben einen Bildungsauftrag, der deutlich abgegrenzt ist von Betreuungsaufgaben. Somit ergibt sich für die Fachkräfte in diesem Bereich ein klares Profil: sie sind Lehrer/innen und »Bildungsexpertinnen« – und werden genauso bezahlt wie Primarschullehrerinnen. Im Gegensatz zur Situation in Deutschland gibt es bei diesen Fachkräften wenig Fluktuation.

In Dänemark sieht das Berufsbild ganz anders aus, aber – zumindest von außen betrachtet – ebenfalls eindeutig. Hier liegt das Profil in der klaren Abgrenzung zum Pflichtschulsystem. Ein *paedagog* – so die neue Berufsbezeichnung für die Fachkräfte in vor- und außerschulischen Arbeitsfeldern – ist eben nach diesem Selbstverständnis *kein* Lehrer. Auch wenn Bildung zum Aufgabenkatalog gehört, ist diese in einem breiteren Kontext zu sehen. 1992 wurden in Dänemark drei Ausbildungsgänge in einen zusammengefasst. Kindergartenpädagoginnen, Freizeitpädagoginnen sowie Heil- und Sonderpädagoginnen werden nun alle gemeinsam als *paedagoger* ausgebildet. Dies ist also eine sogenannte Breitbandausbildung, die sowohl für die Arbeit mit Kindern aller Altersstufen als auch für die Arbeit mit Erwachsenen vorbereitet. Zugangsvoraussetzungen sind entweder die Hochschulreife oder ein differenziertes Punktesystem für »andere« Kandidaten, das erworbene Bildungsabschlüsse, Berufstätigkeit und Lebenserfahrungen (z.B. längerer Aufenthalt im Ausland) in Betracht zieht. Die Ausbildung findet an nichtuniversitären Hochschuleinrichtungen statt. Interessant ist, dass die neue Ausbildung nicht nur ein enorm populärer Ausbildungsgang ist, bei dem 1993 mehr als 80% der Bewerber abgelehnt werden mussten, sondern er wird auch von Männern angenommen. Nur zur Erinnerung: In Deutschland machen Männer – sowohl in den alten als auch in den neuen Bundesländern – nur 3% des Personals in Kindergärten aus (Statistisches Bundesamt 1996).

Trotz dieser stark divergierenden Berufsbilder ist eines den beiden Ländern gemeinsam: Professionelle Kinderbetreuung in der frühen Kindheit wird hoch bewertet und als unverzichtbare gesellschaftliche Bildungs- und Dienstleistung gesehen. Folglich ist sie mit entsprechenden und auf längerfristige Perspektiven angelegten Investitionen verbunden – sowohl in den Einrichtungen als auch in der Qualifizierung der Fachkräfte.

### Anforderungen des Praxisfeldes

Das Dilemma in Bezug auf die Anforderungen des Praxisfeldes besteht nicht allein in den Anforderungen, sondern in der diskrepanten Wahrnehmung und Wertung dieser Anforderungen. Anforderungen, die aufgrund derzeitiger Rahmenbedingungen eher als Überforderung oder gar als Bedrohung gesehen werden, können nur schwer produktiv genutzt werden als Chance der beruflichen Weiterentwicklung.

Der gesellschaftliche Kontext der Erziehungs- und Bildungsarbeit mit den zu beobachtenden Differenzierungen ökonomischer, kultureller und sozialer Art hat dazu geführt, dass die fachliche Arbeit in mehrfacher Hinsicht komplexer, anspruchsvoller und auch konfliktträchtiger geworden ist. Tageseinrichtungen für Kinder haben – gerade weil sie auch zu einem Ort des Aushandelns gesellschaftlicher Probleme geworden sind – an gesellschaftspolitischer Bedeutung gewonnen.

Zu den gegenwärtigen Anforderungen an die Einrichtungen gehören u.a.:

- gesetzliche Zielvorgaben zum quantitativen Ausbau der Kindergartenplätze bei gleichzeitig angespannter Finanzlage in den Kommunen und Verbänden;
- ein starker Innovationsdruck in Richtung Bedarfsorientierung, mit der entsprechend notwendigen Differenzierung der gebotenen Dienstleistung;
- Erwartungen der Einrichtungsträger hinsichtlich Profilierung und Wirtschaftlichkeit;
- fachpolitische Forderungen nach Qualitätsstandards und inhaltlich-konzeptioneller Weiterentwicklung;
- gesetzlich verankerte erweiterte Mitwirkungsrechte seitens der Eltern (§ 22 Abs. 3 Kinder- und Jugendhilfegesetz);
- Forderungen nach Vernetzung im sozialen Umfeld und einem verstärkten Zusammenwirken öffentlicher und freier Träger der Jugendhilfe.

Neben der zentralen Aufgabe der Konstruktion einer überschaubaren Lebens- und Lernumwelt, in der sich jedes Kind angenommen fühlt und vielseitige Entwicklungschancen erfährt, wird es zunehmend deutlich, dass auch eine Reihe von anderen, weiter reichenden Aufgaben auf die Einrichtungsformen der Zukunft zukommen. Dazu gehören u.a.:

- die Entwicklung einer personbezogenen, einrichtungs- und umfeldspezifischen Konzeption;
- neue Formen des Dialogs, der Abstimmung und der Kooperation mit Eltern;
- neue Formen der innerbetrieblichen Organisation, der Konsensbildung, der Verantwortungsstrukturen und der Entscheidungsprozesse;
- neue Formen der Mitwirkung in der kommunalen Infrastruktur, in lokalen und regionalen Planungsprozessen.

Diese sind Aufgaben, die nicht nur mit den sogenannten »spezifisch weiblichen« Qualifikationen zu meistern sind. Sie sind Aufgaben, die auch einen selbstbewusstes Führungsstil, Planungskompetenzen und die Fähigkeit zur Delegation voraussetzen. Gerade an diesem Punkt stellt sich aber die Frage: Werden diese Aufgaben von Frauen in Angriff genommen, die ein großes Unbehagen an ihrem Beruf spüren? Denn aus Studien zu Fragen der Fluktuation im Erzieherinnenberuf geht hervor, dass die Unzufriedenheit groß ist (vgl. Gleich 1993 sowie den Übersichtsartikel von Beher/Knauer 1996). Arbeitsüberlastung, Gefühle der Unzufriedenheit, Hilflosigkeit vor wachsenden Anforderungen, unzulängliche Rahmenbedingungen, die fehlende Anerkennung von politischer Seite oder das geringe öffentliche Ansehen des Berufes: Diese von Erzieherinnen genannten Begründungen, Signale des Unmuts, der Überforderung und der Frustration, verhindern ebenfalls die Entwicklung einer neuen Einstellung zur Professionalität. Um diese Blockaden zu überwinden, sind sowohl eine ernsthafte Neustrukturierung der Berufspraxis und der Arbeitsbedingungen als auch eine differenzierte fachliche Beratung und Begleitung notwendig. Für Erzieherinnen, selbst Akteure in der Risikogesellschaft mit all ihren verunsichernden Momenten, sind persönliche und professionelle Sicherheit und Stabilität wichtige Voraussetzungen für die Bildungs- und Erziehungsarbeit. Denn »erziehen« heißt unter anderem: Widersprüche aushalten, Vertrauen im eigenen Standpunkt haben, mit kontroversen Standpunkten konstruktiv umgehen.

Und nun zurück zum Fragezeichen.

### Wie sehen die Entwicklungsperspektiven für diesen Beruf aus?

Ich denke, dass die Chancen für eine Präzisierung des Berufsbildes insgesamt günstig sind. Denn die jüngeren Erzieherinnen gehören einer Generation von Frauen an, die selbst Familien- und Berufsaufgaben miteinander verbinden wollen und diesen Wunsch auch bei anderen Frauen akzeptieren. Insofern ist zu vermuten, dass die sozialen Berufe von dem allgemeinen Wandel der Lebensentwürfe der Frauen profitieren werden. In dieser Dynamik steckt die Möglichkeit für die Entwicklung einer neuen Wahrnehmung der eigenen wichtigen Rolle in der gesellschaftlichen Erziehungsarbeit. Die immer deutlicher werdende Akzeptanz der Tageseinrichtungen als wichtigen Sozialraums und anregenden Lernfeldes für Kinder und als notwendiger Dienstleistung für Familien eröffnet potenziell den Weg zu einem selbstbewussteren beruflichen Selbstverständnis. Dabei ist eine neu zu bestimmende Professionalität zu entwickeln:

- eine Professionalität, die erkennt, dass Eltern – insbesondere Mütter – und Erzieherinnen *unterschiedliche* Kompetenzen in eine *gemeinsame* Aufgabe einbringen;

- eine Professionalität, die die Verständigung über unterschiedliche Sichtweisen zum Mittelpunkt der Zusammenarbeit mit Erwachsenen macht;
- eine Professionalität, die eine kritische Überprüfung eigener Einstellungen und Wertungen als Erziehende zulässt, nicht zuletzt in der Zusammenarbeit mit Familien aus anderen Kulturen.

Allerdings kann die Entwicklung eines positiven Berufsimages nicht nur von den Erzieherinnen selbst geleistet werden. Dazu gehören auch entsprechende Rahmenbedingungen und Stützsysteme. In einer Untersuchung zur Fluktuation im Erzieherinnenberuf nennt Gleich (1993) drei Bereiche, die als Entwicklungsperspektive entscheidend sind:

- eine Reduktion der psychischen Belastungen im Beruf;
- die Akzeptanz verschiedenartiger weiblicher Lebensvorstellungen durch die Arbeitgeberseite;
- die Unterstützung und Stärkung des Berufsansehens durch Politik, Kirche, Träger und Wissenschaft.

Um eine politische und wirtschaftliche Neubewertung der Erziehungsarbeit zu sichern, sind also Anstrengungen auf verschiedenen Ebenen notwendig. Um mit einigen konkreten Anregungen abzuschließen, möchte ich drei Stichworte aufgreifen: *Qualifizierungsstrukturen, Berufseinstieg* und *Personalentwicklung.*

## Qualifizierungsstrukturen

Die berufliche Situation der Erzieherinnen sowie der Entwicklungsstand des Berufes machen es immer notwendiger, sowohl die einzelnen Qualifizierungsfelder (Ausbildung, Fort- und Weiterbildung, Praxiseinrichtung) anders zu konzipieren als auch ihr Verhältnis zueinander. Neue Wege der Qualifizierung müssen im Kontext eines übergreifenden Konzepts entwickelt werden, das Aus-, Fort- und Weiterbildung und Praxisfeld als zusammenhängendes Qualifizierungs- und Bildungssystem sieht, ein System, das sowohl die individuellen Bedürfnisse von Erzieherinnen in verschiedenen Lebens- und Berufsphasen als auch einrichtungsbezogene Ziele im Kontext von Personalentwicklungsmaßnahmen berücksichtigt.

Kritik an der Erzieherausbildung hat eine lange und auch kontroverse Geschichte. Trotz der Bemühungen einzelner Institutionen und Organisationen um Innovation und Entschulung in diesem Bereich bleibt die Ausbildung sowohl inhaltlich als auch in struktureller Hinsicht reformbedürftig (vgl. Ebert u.a. 1994 für eine resümierende Darstellung). Neben der Weiterführung der Diskussion um eine bundeseinheitliche Regelung der Erzieherinnenausbildung wird auch die Diskussion um eine Anhebung der Ausbildung auf Fachhochschulniveau, wie zum Teil von berufsständischer und gewerkschaftlicher Seite gefordert wird – u.a. auch im Hinblick auf die europäische Dimension dieser Frage –, weitergeführt werden müssen.

Die gegenwärtige Fortbildungslandschaft für Erzieherinnen zeichnet sich durch eine Fülle von Einzelangeboten sowie eine große Bandbreite von Themen und Organisationsformen aus. Im Großen und Ganzen stehen aber diese Angebote nebeneinander. Notwendig sind mehr koordinierte, längerfristig angelegte Qualifizierungsmaßnahmen. Damit sollten Möglichkeiten einer berufsbiographischen Progression – und damit beruflicher Aufstiegschancen – verknüpft werden, die motivierten Fachkräfte einen Anreiz geben, im Berufsfeld zu bleiben. Notwendig sind auch Maßnahmen, die die konkrete Arbeitssituation der Fachkräfte berücksichtigen, die sich direkt auf die personellen und regionalen Bedingungen des Arbeitskontexts beziehen – Fortbildung am Arbeitsplatz; Supervision für Teams; Training im Hinblick auf einzelne Funktionen; fachlich begleitete kollegiale Beratung. Dazu gehören auch die Stärkung der Position der Fachberatung in der Organisation und Unterstützung von Qualifizierungsprozessen.

## Berufseinstieg

Die Ausbildung ist teuer, gemessen an der Anzahl von Fachkräften, die längerfristig im Beruf bleibt. Es ist also auch aus fiskalischen Gründen sinnvoll, über eine qualifiziertere Gestaltung des Übergangs von Ausbildung zum Beruf nachzudenken. Studierende an den Fachschulen und Fachakademien absolvieren mindestens die Hälfte des beruflichen Qualifikationsprozesses in Praktikumsstellen. Die Leiterinnen bzw. Gruppenleiterinnen in den Praxiseinrichtungen sind demnach entscheidende Mitwirkende im Ausbildungsprozess. Sie werden aber für die Aufgaben einer qualifizierten Anleitung der Praktikantinnen nicht vorbereitet – und auch nicht bezahlt. Sie ist weder Teil der Ausbildung, noch gab es bisher adäquate Fortbildungsangebote zu dieser Thematik (Oberhuemer 1993). Es bedarf also in diesem Zusammenhang:

- eines Ausbaus von qualifizierten Kursen zur Praxisanleitung;
- einer verbindlichen Regelung der Freistellung von Anleiterinnen für die Anleitungsaufgaben und die Zusammenarbeit mit den Ausbildungsstätten;
- eines ausschließlich überplanmäßigen Einsatzes von Berufspraktikantinnen und Vorpraktikantinnen;
- der Einführung von Begleitmaßnahmen für Fachkräfte in den ersten zwei Berufsjahren, z.B. in der Form von zielgruppenorientierten Seminaren und Gesprächsgruppen, sowie Arbeitsbedingungen, die mehr Raum und Zeit für den aktiven und reflexiven Lernprozess erlauben.

## Personalentwicklung

Verantwortliche Planung im Bereich der Kinder- und Jugendhilfe heißt für die Zukunft, eine grundlegende Neukonzeptualisierung der Personalentwicklung und Personalförderung einzuleiten (Ebert u.a. 1994, S. 38). Personalentwicklung im klassischen Sinne ist eine von der Einrichtungsleitung ausgehende Initiative zur Sicherung des quantitativen und qualitativen Bedarfs an Mitarbeiterinnen, um die Umsetzung der Einrichtungsziele zu sichern. Dazu gehören: Personalplanung, Personalbeschaffung, Personalführung, Personalqualifizierung und Führungskräfteentwicklung (Jakubeit 1995). Um diese Aufgaben zu erfüllen, bedarf es in Tageseinrichtungen einer Klärung, wer dafür verantwortlich ist bzw. wie die Aufgaben zwischen Einrichtungsleitung und Träger aufzuteilen sind. Zu einer reformierten Personalentwicklung gehören zum Beispiel:

- die Aufwertung des Praxisfeldes als Qualifizierungsortes;
- die Differenzierung der Aufgaben in den Einrichtungen, gekoppelt mit einem entsprechenden Ausbau einrichtungsinterner und eventuell einrichtungsübergreifender Funktionsstellen;
- die Verstärkung der Leitungs- und Entscheidungskompetenzen in den Einrichtungen.

Unter derartigen Voraussetzungen für eine gesellschaftliche Aufwertung der beruflichen Erziehungsarbeit, die mit Investitionen und mit politischem Willen verbunden sind, könnte der Erzieherinnenberuf endlich aus der prekären Lage herausgehoben werden und sich weiterentwickeln zu einem attraktiven und begehrten Beruf mit Zukunft – für Frauen *und* Männer.

## Literatur

Beck, U./Beck-Gernsheim, E. (Hrsg.): Riskante Freiheiten. Individualisierung in modernen Gesellschaften. Frankfurt a.M. 1994.

Beher, K./Knauer, D.: Unzufriedenheit mit dem Arbeitsplatz Kita. Studien zur Arbeits- und Berufssituation von ErzieherInnen. In: Theorie und Praxis der Sozialpädagogik, 1996 (1), S. 17–20.

Ebert, S.: Erzieherin – ein Frauenberuf mit Zukunft? In: Fthenakis, W.E. 1992.

Ebert, S. unter Mitarb. von Fatke, R./Külb, R./Lost, C./Oberhuemer, P./ Troppa, P.: Zur beruflichen Situation der Erzieherinnen in Deutschland: Bestandsaufnahme und Perspektiven. Eine Denkschrift. Hrsg. v. Pestalozzi-Fröbel-Verband (Schriftenreihe des Pestalozzi-Fröbel-Verbandes). München/Wien 1994.

Fthenakis, W.E. (Hrsg.): Handbuch der Elementarerziehung. Seelze-Velber 1992.

Fthenakis, W.E./Textor, M.R. (Hrsg.): Qualität von Kinderbetreuung: deutsche und internationale Perspektiven. In Vorbereitung.

Gleich, J.M.: Alarmierend: Das Unbehagen am Beruf. In: Welt des Kindes, 1993 (6), S. 12–15.

Hocke, N.: Personalentwicklung und Personalförderung. In: Pestalozzi-Fröbel-Verband 1995, S. 29–39.

Jaeckel, M.: Some thoughts on problems of more professionalisation of childcare. In: Childcare Workers with Children under 4 (Report of the European Commission Childcare Network). Brussels 1990.

Jakubeit, G.: Personalentwicklung im Kindergarten – ein Beitrag zu einer selbstbewussten Organisationskultur. In: Pestalozzi-Fröbel-Verband 1995, S. 15–28.

Neunter Jugendbericht: Bericht über die Situation der Kinder und Jugendlichen und die Entwicklung der Jugendhilfe in den neuen Bundesländern. Hrsg. v. Bundesministerium für Familie, Senioren, Frauen und Jugend. Drucksache 13/70, Bonn, 08.12.1994.

Oberhuemer, P.: Erzieherinnen in der Anleitungsfunktion: ein kooperatives Fortbildungsprojekt bayerischer Trägerverbände. In: KiTa aktuell, 1993 (4), S. 47–49.

Oberhuemer, P.: Qualifizierung des Fachpersonals: Schlüsselthema in der Qualitätsdiskussion. In: Fthenakis, W.E./Textor, M.R. In Vorbereitung.

Oberhuemer, P./Ulich, M.: »Erzieherinnen« in anderen europäischen Ländern – ein Vergleich. In: Engelhard, D. u.a. 1995.

Pestalozzi-Fröbel-Verband (Hrsg.): Zur beruflichen Situation der Erzieher/innen in Deutschland. Materialien zur Denkschrift (Schriftenreihe des Pestalozzi-Fröbel-Verbandes). Berlin 1995.

Rauschenbach, Th.: Inszenierte Solidarität: Soziale Arbeit in der Risikogesellschaft. In: Beck, U./Beck-Gernsheim, E. 1994, S. 89–111.

Rauschenbach, Th./Beher, K./Knauer, D.: Die Erzieherin. Ausbildung und Arbeitsmarkt. Weinheim/München 1995.

Statistisches Bundesamt: Statistik der Jugendhilfe, Teil III.1, Einrichtungen und tätige Personen 1994 – Tageseinrichtungen für Kinder. Wiesbaden 1996.

# Zu den Beiträgen

Die Beiträge von Andreas Flitner, Hedi Colberg-Schrader, Sigrid Ebert und Marianne Krug basieren auf Vorträgen, die auf der Bundesfachtagung 1995 des Pestalozzi-Fröbel-Verbandes in Würzburg (5.–6. Oktober) gehalten wurden. Als thematische Ergänzung dazu wurden die Aufsätze von Thomas Rauschenbach und Jan-Uwe Rogge ausgewählt (siehe Drucknachweise). Der Beitrag von Pamela Oberhuemer wurde ursprünglich auf der Jahrestagung 1995 der Kommission Frauenforschung in der Deutschen Gesellschaft für Erziehungswissenschaft in Augsburg (15.–16. Juni) vorgetragen.

# Drucknachweise

Rauschenbach, Th.: Soziale Arbeit und soziales Risiko. In: Rauschenbach, Th./Gängler, H. (Hrsg.): Soziale Arbeit und Erziehung in der Risikogesellschaft. Neuwied/Kriftel/Berlin 1992, S. 25–60.

Rogge, J.-U.: Grenzen und Offenheit in der Erziehung – Gedanken wider die Beliebigkeit. In: Theorie und Praxis der Sozialpädagogik, 1994 (1), S. 16–18.

Wir danken den Autoren und den Verlagen für die freundliche Abdruckgenehmigung.

# Anhang: Pestalozzi-Fröbel-Verband e.V.

## Ziele und Aufgaben

Der Pestalozzi-Fröbel-Verband (PFV) ist ein politisch und konfessionell unabhängiger sozialpädagogischer Fachverband. Die Arbeit des Verbandes ist insgesamt an der Verbesserung der Lebensbedingungen von Kindern und ihrer Familien orientiert. Ein Schwerpunkt ist dabei die Sicherung qualitativer Standards von Bildung, Erziehung und Betreuung in Kindereinrichtungen wie Kindergarten, Krippe, Hort, Schule und Heim. Die Verbandsarbeit richtet sich an die pädagogische Praxis, an Aus- und Fortbildung, an Fachberatung und Forschung, an Administration der Kinder- und Jugendhilfe und nicht zuletzt an die Politik und die Öffentlichkeit.

Der PFV informiert über aktuelle und grundsätzliche pädagogische Fragen, greift dabei unterschiedliche Positionen zu wichtigen sozialpädagogischen und berufspolitischen Themen auf und diskutiert sie in der Fachöffentlichkeit.

Der PFV versteht sich als ein fachliches und gesellschaftspolitisches Forum, in dem sich wandelnde Sichtweisen in Bezug auf Kindheit und neu entstehende Lebenslagen von Kindern und Familien akzentuiert und in die Diskussion gebracht werden. Im Interesse von Kindern, Familien und pädagogischen Fachkräften werden solche Themen über die engere sozialpädagogische Fachszene hinaus an Vertreter verschiedener Fachrichtungen sowie an politische Entscheidungs- und Verantwortungsträger herangetragen.

### Organisationsstruktur

Der Vorstand verantwortet verbandsinterne Entscheidungen und Strategien der Öffentlichkeitsarbeit. Entsprechend der Mitgliederstruktur initiiert der Vorstand aufgaben- und berufsgruppenorientierte Fachausschüsse für die Bearbeitung spezifischer Fragestellungen und Problemlagen. Der PFV unterstützt regionale Arbeitskreise und Initiativen, die sozialpädagogische Fragestellungen in Hinsicht auf fachliche Klärung und praktische Handlungshilfen bearbeiten.

Mitgliederrundbriefe dienen der Information unter den Mitgliedern und dem Austausch zwischen den verschiedenen Ebenen. Arbeitsgemeinschaften, Fortbildungsveranstaltungen, Expertengespräche u.Ä. bieten Informationen, regen zum Erfahrungsaustausch an und wirken motivierend für innovative Arbeit in den konkreten beruflichen und persönlichen Herausforderungen im Rahmen unterschiedlicher sozialpädagogischer Praxisfelder.

### Archiv

Der Pestalozzi-Fröbel-Verband (PFV) unterhält ein Archiv, das über Material zur Geschichte der Fröbelbewegung in Deutschland und im Ausland seit 1826 verfügt.

### Geschichte

Der PFV hat eine lange und ereignisreiche Tradition. Seit der Gründung als *Deutscher Fröbel-Verband* im Jahre 1873 hat er sich stets für die aus Industrialisierung und gesellschaftlichem Wandel resultierenden Belange von Kindern in Familien und in den Institutionen eingesetzt. Den Ausgangspunkt für diese Orientierung bildeten die Fröbelschen Erziehungsgrundsätze: dem eigenständigen Bildungs- und Erziehungsanspruch der

Kinder sowohl gegenüber ihrer gesellschaftlichen Vernachlässigung als auch gegenüber ihrer gesellschaftlichen Vereinnahmung zur Geltung zu verhelfen.

Der Selbstauflösung in der Zeit des Nationalsozialismus folgte die Neugründung als *Pestalozzi-Fröbel-Verband* im Jahre 1948, die – unter Herausforderung notvoller Nachkriegsjahre – besonders die Unterstützung umfassender kind- und familienbezogener Dienste in den Mittelpunkt der Arbeit stellte. Die Sensibilisierung der Fachöffentlichkeit wie der Öffentlichkeit insgesamt für die Situation von Kindern – leitendes Motiv auch in den Entwicklungen und Veränderungen sozialpädagogischer Arbeit in den Sechziger- und Siebzigerjahren – bestimmt nach wie vor die fachpolitischen Aktivitäten des Verbandes.

## Fachtagungen

Der Pestalozzi-Fröbel-Verband (PFV) veranstaltet jährliche Fachtagungen auf Bundesebene. Themenschwerpunkte der letzten Jahre waren:

| | |
|---|---|
| 1992 Coburg | Ausdrucksformen des Kinderlebens |
| 1993 Göttingen | Kinder und ihre Welt-Bilder |
| 1994 Erfurt | Zur Vielfalt von und zum Umgang mit Erziehungskonzepten im Kindergarten |
| 1995 Frankfurt a.M. | Zur beruflichen Situation der Erzieherinnen in Deutschland |
| 1995 Würzburg | Erziehen in der Risikogesellschaft |
| 1996 Wolfsburg | »Kinderstandort – Deutschland« – Dialog zwischen Praxis – Wissenschaft – Wirtschaft (zusammen mit: Bundesministerium für Familie, Senioren, Frauen und Jugend; Bundesministerium für Bildung, Wissenschaft, Forschung und Technologie; |

| | AG der Obersten Landesjugendbehörden; BAG der Freien Wohlfahrtspflege; BAG der Landesjugendämter; Bundesvereinigung der Kommunalen Spitzenverbände) |
|---|---|
| 1996 Frankfurt a.M. | Kindergärten: lokales Profil und Budgetierung |

## Publikationen

Der PFV ist Herausgeber einer eigenen Schriftenreihe, die Beiträge zu wichtigen sozialpädagogischen Fragen veröffentlicht und die Bundesfachtagungen dokumentiert.

Ab dem Jahr 1997 wird mit der Herausgabe des Jahrbuchs *Sozialpädagogische Blätter* diese lange Tradition eines Verbandsorgans – die im Jahr 1860 begann – fortgesetzt.

## Mitglieder

Dem Pestalozzi-Fröbel-Verband (PFV) gehören Einzelpersonen und Organisationen an, die in verschiedenen Arbeitsbereichen Verantwortung für Kinder tragen und damit die Möglichkeit haben, auf die konkrete Lebenssituation von Kindern von ihrem jeweiligen Berufsfeld aus einzuwirken. Mitglieder sind u.a.: Sozialpädagoginnen/Sozialpädagogen, Erzieherinnen/Erzieher, Eltern, Lehrerinnen/Lehrer an Schulen, Fachschulen/Fachakademien und Hochschulen, Wissenschaftlerinnen/Wissenschaftler, Repräsentantinnen/Repräsentanten von Verbänden und Jugendbehörden, Fachberaterinnen/Fachberater, Ärztinnen/Ärzte, Hersteller von Spielmaterialien, Verlage.

## Vorstandsmitglieder des Pestalozzi-Fröbel-Verbandes

Wahlperiode 1995–1998

*Dr. Richard Auernheimer*
Ministerium für Arbeit, Soziales, Familie und Gesundheit
Mainz

*Hedi Colberg-Schrader*
Deutsches Jugendinstitut
München

*Sigrid Ebert (Vorsitzende)*
Pestalozzi-Fröbel-Haus
Berlin

*Dr. Christine Lost*
Berlin

*Pamela Oberhuemer*
Staatsinstitut für Frühpädagogik
München

*Petra Troppa*
Bundesministerium für Familie, Senioren, Frauen und Jugend
Dienstbereich Berlin

*Irmgard Wagner*
Evang. Ausbildungsstätten für sozialpädagogische Berufe –
Elisabethenstift Darmstadt

Geschäftsstelle:
Barbarossastr. 64
10781 Berlin
Tel. (030) 2163145
Fax (030) 2151709

# Geschlechtsidentität

Christian Büttner / Marianne Dittmann (Hrsg.)

## Brave Mädchen, böse Buben?

Erziehung zur Geschlechtsidentität in Kindergarten und Grundschule.

2., unveränderte Auflage 1993.
190 Seiten. Broschiert. DM 36,–
ISBN 3-407-62144-2

Angeboren oder erworben – immer noch wird heftig gestritten, was mit Erziehung in Sachen Geschlecht zu erreichen sei: Was kann man heute zur Entwicklung geschlechtsspezifischer Identität, zum Verhältnis von Jungen und Mädchen sagen, wie zeigt sich ihr Verhältnis im Kindergarten- und Grundschulalltag, wie wird es in Bilderbüchern und Spielzeug dargestellt, und was kann man tun, um Erziehern und Lehrern geschlechtsspezifische Erziehung näher zu bringen? In diesem Buch berichten Lehrer/innen und Erzieher/innen aus ihrem pädagogischen Alltag, schreiben Wissenschaftler und Journalisten über die Beziehung zwischen Jungen und Mädchen und stellen Erwachsenenbildner Fortbildungskonzepte zum Umgang mit diesen Beziehungen vor. Abgerundet wird der Band durch eine Empfehlung von Büchern für Mädchen und Jungen, die ein anderes Bild von Weiblichkeit zeigen.

BELTZ

Preisänderung vorbehalten

**Beltz Verlag · Postfach 100154 · 69441 Weinheim**

B0141

Angelika Bärwinkel / Hanne Seitz / Kristin Westphal /
Dorothea Zachert

## Bewegungsspiele mit Kindern

Herausgegeben von Kersti Weiß
(Beltz Praxis – Praxisfeld Kindergarten)
1994. 153 Seiten. Broschiert. DM 29,80.
ISBN 3-407-62189-2

Anders als Kinder sind Erwachsene gewohnt, über Erkenntnisse und Wissen Neues zu erobern: So beginnt auch dieses Buch. Kenntnisse über kindliche Entwicklung vom Anfang bis zur Pubertät sind als Grundlagen gedacht, um Wissen und ein Gefühl dafür zu bekommen, was und wie etwas Kinder unterschiedlichen Alters bewegt. Der Band enthält viele praktische Anregungen, die aber in ihrer Reihenfolge nicht als Stundenabläufe gedacht sind. Sie lassen sich wahlweise miteinander kombinieren. Das Buch ist nicht nur aus der praktischen Arbeit entstanden, sondern auch aus der Lust, sich selber zu bewegen, zu spielen, sich zu üben und sich mit dem eigenen Körper zu beschäftigen.

BELTZ

Preisänderung vorbehalten

Beltz Verlag · Postfach 100154 · 69441 Weinheim

B0142